Couverture inférieure manquante

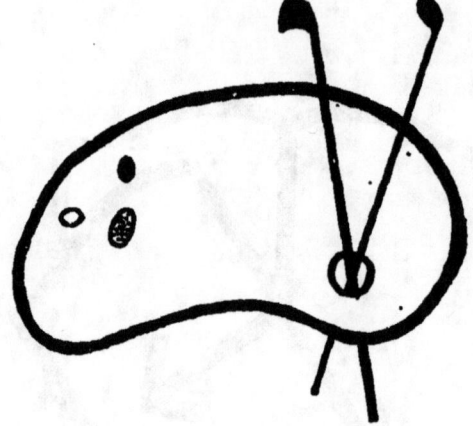

DÉBUT D'UNE SÉRIE DE DOCUMENTS
EN COULEUR

LES ALLEMANDS
EN
ALSACE-LORRAINE

IMPRESSIONS DE VOYAGE

PAR

PAUL MELON

PRIX : 1 FRANC

PARIS
LIBRAIRIE DE LA *NOUVELLE REVUE*
23, BOULEVARD POISSONNIÈRE, 23

1887

LES ALLEMANDS

EN

ALSACE-LORRAINE

IMPRESSIONS DE VOYAGE

PARIS

TYPOGRAPHIE GEORGES CHAMEROT

19, RUE DES SAINTS-PÈRES, 19

LES ALLEMANDS EN ALSACE-LORRAINE

IMPRESSIONS DE VOYAGE

PAR

PAUL MELON

EXTRAIT DE LA *NOUVELLE REVUE*
DU 1er AVRIL 1887

PARIS

LIBRAIRIE DE LA *NOUVELLE REVUE*

23, BOULEVARD POISSONNIÈRE, 23

1887

LES ALLEMANDS
EN
ALSACE-LORRAINE

> L'Allemagne, en s'annexant l'Alsace-Lorraine contre le gré des habitants, a dépassé les limites du droit d'une nation civilisée. (*Discours de M. Teutsch au Reichstag.*)

Beaucoup de publicistes ont écrit sur l'Alsace depuis seize ans. Certains, et parmi les meilleurs, tout en constatant l'inébranlable fidélité des pays annexés, se laissent envahir par un sombre découragement et croient toute résistance inutile.

Les lignes qui suivent s'inspirent d'un sentiment tout différent.

Frappé du caractère de la lutte qui se poursuit en Alsace-Lorraine et de la perfide campagne de la presse officieuse qui, tous les jours, insinue que la France, repliée sur elle-même, se désintéresse de ce qui se passe au delà des Vosges, l'auteur ne pense pas qu'il soit possible de rester indifférent. Il est, de plus, convaincu de l'efficacité de l'effort et de la volonté pour redresser les arrêts de l'histoire, et persuadé que rien n'est plus fragile que ses décrets soi-disant éternels. Qui eût dit, il y a cinquante ans, que la Prusse réaliserait son rêve d'accaparement que les sages taxaient d'extravagant? Quand elle le conçut, elle ne comptait cependant que dix millions d'âmes, et elle avait à peine le double quand elle en aborda l'exécution.

Octobre 1886.

COL DE LA SCHLUCHT. — MUNSTER

Depuis que j'ai quitté Paris et qu'étape par étape je me rapproche lentement de l'Alsace, je me sens triste et angoissé. Mon appréhension est si vive que j'oublie d'admirer les sites ravissants que je traverse. Cette montée même de Gérardmer à la Schlucht, si belle, si pittoresque à travers les bois de sapins et par-dessus les jolis lacs qu'ils encadrent, a perdu son attrait. Que m'importent en effet les forêts superbes, les routes taillées dans le roc et surplombant l'abîme, les jolies cascades, les gouffres profonds? A chaque tournant du lacet qui me rapproche du col, se dresse cette question : Que vais-je trouver de l'autre côté de la frontière, par delà les cimes bleuâtres? Seize ans de domination étrangère n'auront-ils rien changé aux sentiments de ces frères aimés? Dans leur lutte inégale, dans leur duel corps à corps contre un pouvoir fort, tenace, auront-ils su résister à toutes les attaques?

Me voici au sommet du col; les flancs de la montagne se creusent tout à coup en un ravin profond, et, à travers les déchirures des roches qui profilent sur le ciel leur charpente osseuse, apparaît dans sa parure de bois sombres, grandiose et sauvage, la vallée de Munster.

Hélas! c'est l'Allemagne. La ligne de la frontière est à deux pas en arrière de moi.

J'entre à l'hôtel, c'est un ancien chalet que la famille Hartmann avait fait construire comme rendez-vous de chasse, dans une situation exceptionnelle. De la terrasse, qui est à une altitude de 1.000 mètres environ, la vue plonge dans la vallée. C'est un but de promenade indiqué à tous les touristes ou baigneurs, qui vont passer l'été dans les Vosges. Les habitants d'Épinal, de Gérardmer, de Mulhouse, de Munster s'y donnent rendez-vous; des officiers prussiens de Strasbourg et de Saverne y viennent en bandes joyeuses aspirer l'air pur des montagnes et jouir du panorama.

L'affluence est déjà si grande, que l'hôtelier fait construire un établissement plus vaste, un peu en arrière du premier. Il sera sur le territoire français celui-là, et l'on y pourra goûter le charme de la belle nature, sans être obligé de subir le contact de l'uniforme allemand.

Il faut à peine deux heures pour descendre du col de la Schlucht à Munster, par une route magnifique, don royal de la famille Hartmann. Dès qu'on a quitté la région des bois, la vallée s'élargit et se peuple : dans tous les replis des montagnes se cachent des villages propres et coquets dont on voit le clocher s'élancer vers le ciel à travers les bouquets d'arbres. C'est paisible et tranquille : une atmosphère calme et sereine plane sur toutes ces demeures, où la cigogne fait son nid ; on voudrait y vivre, tant on s'y croit à l'abri des misères du monde et hors de l'atteinte des forts et des puissants ; mais, hélas ! le roitelet chantant dans le buisson n'échappe pas plus aux serres de l'oiseau de proie, que les hommes cachés dans leurs secrètes vallées aux griffes du pouvoir. Je le vois bien dès mon entrée dans ces villages. De grandes plaques blanches, portant en inscription les numéros de la compagnie de Munster, et du bataillon de Colmar, dans lesquels sont incorporés les paysans qui font partie de la landwehr, rappellent la dureté du service militaire, et l'obligation plus dure encore de le faire sous un maître étranger. Et puis partout la preuve matérielle de la domination allemande ; tout à l'heure c'était la douane, voici déjà le casque à pointe. Je ne suis pas encore à 10 kilomètres de la France, et, de quelque côté que je tourne les yeux, je ne vois plus dans ce pays, français hier encore, que des inscriptions allemandes, noms de villages, noms de rues, postes aux lettres, télégraphes, recettes municipales ; à peine quelques-unes des vieilles enseignes sont-elles encore accrochées à la devanture des boutiques ou à la façade des auberges !

Ah ! la Prusse n'a pas perdu de temps ! Comme si elle craignait qu'il lui manquât, elle s'est mise tout de suite à l'œuvre, proscrivant indistinctement tout ce qui rappelait le passé.

Elle ne peut cependant pas réclamer comme frères de race tous ces braves gens que je rencontre, et invoquer la consanguinité pour justifier sa conquête.

Malgré leur langue, ces montagnards qui me saluent n'ont rien d'allemand. Leurs yeux bruns, leurs cheveux noirs, leur tempérament nerveux, ne rappellent en rien les natures lourdes et lymphatiques du Badois ou du Bavarois. Ces enfants éveillés qui courent par les chemins, ces hommes et ces femmes, aux formes fines, à la taille moyenne, qui sont occupés à rentrer les foins, ce n'est pas en Allemagne que j'en ai vu le prototype, mais bien, hier, aux environs de Gérardmer et de Saint-Dié. Refoulées dans leurs montagnes par les invasions germaines, les tribus celtiques qui vivaient jadis dans la vallée du Rhin ont encore conservé la physionomie et la vivacité d'allures de leurs ancêtres et de leurs frères.

Le clocher de Munster grandit à mesure que nous avançons.

Dans un cadre où la nature a mis ses tons les plus délicats et ses formes les plus gracieuses, il s'élève, grave et majestueux. Humble bourgade encore au commencement du siècle, la ville a crû, grandi et prospéré, grâce à l'inépuisable générosité d'une puissante famille, et à l'essor de l'industrie cotonnière. Sa transformation donne la mesure de celle qu'a subie toute la Haute-Alsace, par suite du développement de la fortune et de la richesse publiques pendant la domination française.

MULHOUSE. — PERSISTANCE DU SENTIMENT FRANÇAIS

On met quatre heures pour aller de Munster à Mulhouse ; si lents que soient les trains allemands, on arrive cependant. Me voici donc au cœur même de cette industrie qui a porté si haut et si loin le renom de l'Alsace. De la maison que j'habite, je domine la ville entière. J'en vois surgir une forêt de cheminées, et de chacune d'elles s'échapper une fumée noire, qui s'accumule et forme au-dessus un épais nuage qui cache l'horizon. Pas de flèche gothique, ni de vieux monuments dont le profil rappelle le passé et éveille des émotions poétiques. Mulhouse c'est la ville moderne, la ville industrielle et commerçante, la ville des grandes fabriques et des vastes entreprises. Si sa physionomie n'a pas le charme romantique de tant d'autres cités, elle a pourtant la poésie de la ruche où l'on travaille et où l'on produit.

L'industrie, qui fait aujourd'hui son orgueil, n'a pas toujours été l'occupation de ses habitants. Il fut un temps, très rapproché de nous, où ces derniers vivaient des biens de la terre et s'adonnaient à l'agriculture. La fabrication de la toile peinte, à laquelle Mulhouse s'est livrée avant toutes ses rivales, n'y date que de 1746. A cette époque, trois bourgeois, Samuel Kœchlin, Jean-Jacques Schmalzer et Jean Henry Dollfus s'associèrent pour monter la première fabrique. Cette industrie, connue en Orient de toute antiquité, n'avait été importée en Europe qu'au XVIIIe siècle. J.-J. Schmalzer, mis au courant des procédés de fabrication, pendant un séjour de plusieurs années à Bâle, les fit connaître à ses coassociés. Mais les premiers pas furent difficiles. Mulhouse était, dans ce temps-là, une petite république indépendante de 5.000 âmes ; ses lois n'étaient pas très libérales, et de plus sa situation d'enclave dans l'Alsace la gênait pour la vente de ses produits sur le marché français. Peu à peu, cependant, grâce aux découvertes de la chimie, à l'emploi des machines, les progrès s'accentuèrent, les procédés se perfectionnèrent ; dans tous les cas, l'élan était donné, et quand l'annexion de Mulhouse à la France, en 1798, ouvrit un vaste débouché, le mouvement s'accéléra et se propagea. Les fabriques se multiplièrent aussi bien dans la ville même que dans les vallées de la Haute-Alsace ; d'autres industries se créèrent : celle du filage en 1803, du tissage en 1810, celle des produits chimiques en 1815, de la métallurgie en 1826. Depuis lors, l'inauguration du canal du Rhône au Rhin en 1829, la création du chemin de fer de Thann en 1839, de celui de Bâle à Strasbourg en 1841, apportèrent de nouveaux éléments de prospérité, et, en ouvrant de nouvelles voies de communication, contribuèrent à faire du modeste Mulhouse d'autrefois un des premiers centres manufacturiers du continent.

J'ai sous les yeux le tableau comparatif du mouvement industriel de la Haute-Alsace de 1827 à 1870, et je suis frappé de ses rapides progrès. Chaque année marque une nouvelle étape en avant. Dans l'espace de quarante-trois ans, le nombre d'ouvriers passe du chiffre de 44.840 à 78.578 ; leur salaire s'élève à 42.621.542 francs ; le nombre des broches, qui n'était que de 466.363 au commencement de la période, est de 1.874.283 à la fin ; le chiffre des métiers à tisser passe de 22.077 à 51.300 ; la production des filés de 3.699.002 kilogrammes à 30.086.208 ; celle des tissus de 25.130.350 mètres à 212.067.199 mètres ; les impressions de 18.477.725 mètres à 82.537.934 mètres. De plus, la beauté des produits va de pair avec la quantité. Les filés soutiennent la concurrence avec ce que l'industrie anglaise livre de meilleur, et les impressions sont sans rivales.

Tous ces succès les habitants de Mulhouse les durent non seulement à leur merveilleuse entente des affaires mais aussi à leur esprit d'initiative et de solidarité. De bonne heure ils avaient compris que les progrès de la fabrication étaient intimement liés à la formation d'un milieu éclairé, solidement instruit, et ils avaient créé, en 1825, une association pour réunir en un faisceau tous les efforts individuels et marcher par la méthode scientifique à la suprématie industrielle et commerciale. Fondée d'abord par vingt-deux jeunes fabricants, la Société industrielle a pris depuis un tel accroissement qu'elle compte aujourd'hui entre 620 et 650 membres ordinaires, honoraires ou correspondants, choisis parmi les hommes les plus haut placés dans l'industrie, les sciences, les arts, soit en France, soit à l'étranger.

Reconnue comme établissement d'utilité publique en 1832, elle a été la première création de ce genre en Europe, et le modèle sur lequel toutes les autres ont été calquées. D'après ses statuts, elle a pour but l'avancement et la propagation de l'industrie par la réunion sur un point central d'un grand nombre d'éléments d'instruction et d'information ; elle s'occupe de l'étude des grandes questions d'économie politique et sociale, encourage le développement de toute pensée utile, de toute entreprise ou conception ayant en vue l'intérêt public ou le progrès des sciences, des arts, du commerce, de l'industrie et de l'agriculture. Pour appliquer ces statuts elle s'est fait d'abord un organisme qui correspond à la variété de son programme. Tout en conservant l'unité nécessaire par la constitution d'un conseil d'administration central qui dirige et donne l'impulsion, elle s'est subdivisée en sept comités permanents, de chimie, mécanique, histoire naturelle, beaux-arts, commerce, utilité publique, histoire et statistique, de façon à aborder de front les problèmes les plus divers. Chacun d'eux étudie à fond les questions de sa compétence et en apporte la solution devant le conseil central.

L'histoire des créations de cette société n'est autre que celle des embellissements et des progrès de la ville de Mulhouse depuis 50 ans. Elle a fondé des écoles : l'école de dessin, l'école de tissage, celle du commerce qui malheureusement n'a pas survécu à la catastrophe de 1871. Elle a ouvert des musées : le musée d'histoire naturelle, celui du dessin industriel, celui des beaux-arts, le musée historique, le musée archéologique. Elle a, par l'initiative de ses membres et sur les rapports de ses commissaires, préparé la création des cités ouvrières, cette magnifique institution philanthropique qui fournit aujourd'hui un logement salubre et confortable à plus de 7000 personnes et a été l'occasion d'une épargne en trente ans, de 4,067,256 francs employés par les ouvriers à l'acquisition de leurs demeures. Fidèle gardienne des traditions du passé, elle poursuit encore aujourd'hui son œuvre civilisatrice et morale par la création des « Mittelschule », des cours du soir, dernier asile de l'enseignement du français en Alsace, par la formation de la Société des arts, par la construction enfin du magnifique palais où sont exposées, grâce à des libéralités inépuisables, les merveilles de l'art moderne français. En présence de tant d'activité, de tant de preuves de dévouement désintéressé à la cause du progrès, de tant d'esprit d'initiative combiné avec tant d'esprit pratique, on reste frappé d'admiration. C'est un spectacle rare en effet qu'un corps libre, indépendant, vivant de sa vie propre, n'ayant d'autres ressources que celles que lui fournit le zèle des particuliers, et, cependant, finissant par devenir l'organe principal et essentiel de toute une cité et le palladium de sa vie morale et intellectuelle.

Et les Allemands s'étonnent que les Mulhousiens persistent dans leur attachement à la France! Mais, n'est-ce pas le contraire qui serait surprenant? La conquête ne peut se justifier au xixe siècle que si elle sert la cause de la civilisation. Or en quoi le régime nouveau a-t-il été une amélioration, un progrès? Que leur a-t-elle apporté, aux pays annexés, cette Allemagne si fière d'elle-même? Est-ce un principe nouveau et fécond, est-ce une morale plus haute, un développement industriel plus intense, un goût plus épuré, un art plus noble? Je cherche en vain autour de moi et je ne trouve rien. Je vois bien, ici et ailleurs, de luxueuses casernes, des chemins de fer stratégiques, une véritable armée de policiers enrégimentés marchant au doigt et à l'œil, mais est-ce assez pour se faire bien venir de populations qui souffrent dans leurs intérêts moraux et matériels? Est-ce assez pour leur faire oublier que, pendant soixante-dix ans, elles ont marché, heureuses et libres, dans la voie tracée par le génie français, appliquant d'immenses ressources accumulées par un labeur opiniâtre à tout ce qui grandit et élève la condition morale et matérielle de l'humanité?

.˙.

« C'est pour quand les Français reviendront, » répondent à l'envi les paysans et ouvriers qui, soir et matin, apprennent les sonneries et les batteries françaises, dans les environs de toutes les grandes villes. Et ce fait, entre mille, est caractéristique de l'état de l'opinion. Plus je séjourne en effet dans la Haute-Alsace, et plus je vois combien mes craintes de la première heure étaient peu justifiées. Les Allemands s'étaient flattés de faire partir d'un coup d'ongle ce qu'ils appelaient dédaigneusement le vernis français; et, seize ans après l'annexion, ils reconnaissent eux-mêmes, par la bouche du sous-secrétaire d'État Hoffmann, qu'ils n'ont pas fait un pas en avant.

« Nous ne pouvons vous accorder, disait-il naguère aux

membres du Landesausschuss, la constitution que vous nous demandez, parce que l'Alsace-Lorraine a encore avec la France des relations trop intimes pour qu'il ne soit pas nécessaire d'user de quelque prudence. » Et, de fait, l'on peut affirmer que, prises dans leur grand ensemble, les vaillantes populations d'au delà les Vosges sont aujourd'hui ce qu'elles étaient au lendemain du traité de Francfort. Le prussianisme ayant porté ses fruits naturels, elles sont peut-être même plus exaspérées, plus aigries, plus irréconciliables que jamais.

Et ce n'est pas là un sentiment de parade ; j'ai parcouru les villes et les campagnes, j'ai causé avec des ouvriers, des chefs d'usine, des employés revêtus de l'uniforme étranger, et partout et toujours j'ai constaté un sentiment de protestation profondément enraciné. Pour s'en convaincre d'ailleurs, il suffit d'ouvrir les yeux et les oreilles. Croyez-vous que ce soit par caprice que deux sociétés vivent côte à côte sans se confondre et fusionner, que l'interdit frappe quiconque se rapproche des intrus, que le mariage entre vaincus et vainqueurs soit un fait exceptionnel, que les enfants qui sortent de l'école lancent, malgré les remontrances du maître, l'épithète injurieuse de *Schwob*, à leurs collègues de classe, et fassent bande à part, ou que l'on glisse, dans les fêtes populaires, sous le nez de la police, des inscriptions françaises sous les drapeaux et les bannières ?

N'est-ce pas là plutôt une immuable habitude de l'esprit chez des hommes qui restent inébranlables dans leur attachement au passé. Si vous en voulez d'autres preuves, allez à Strasbourg : écoutez ce *dienstmann* répondre à l'officier prussien qui l'interroge sur ses sentiments : « Quand notre père se remarie, nous appelons aussi « ma mère » sa nouvelle femme, mais le cri ne part jamais du cœur. » Entrez chez ce marchand de Mulhouse, qui s'astreint chaque jour, en manière de protestation, à la double et laborieuse opération de compter en francs et de payer en marcs ; faites le compte de tous ces jeunes gens qui, sans souci de l'héritage paternel, quittent leurs foyers et leurs familles pour faire leur service militaire en France, et vous vous convaincrez qu'un sentiment qui se manifeste avec tant d'énergie n'est pas un sentiment d'occasion et de fantaisie. Dernièrement, un riche manufacturier, qu'on accusait, peut-être à tort, de s'accommoder de l'état actuel des choses, et qui était tout au plus suspect de modérantisme, s'avisa d'ouvrir ses salons à la foule de ses relations mondaines. Il en fut pour ses frais. Personne ne parut. Quelques années plus tôt, un jeune homme de bonne famille, qui avait consenti à faire son service en Prusse, fut, à son retour, reçu de telle sorte par ses anciens camarades qu'il n'eut d'autre ressource que l'exil.

Cette protestation passionnée contre la conquête, si intransigeante sur la question de principe, n'a cependant pas des allures bruyantes ; elle n'éclate pas en vaines paroles et en propos inutiles : comme il convient à une population sûre d'elle-même, elle est généralement sobre et calme ; parfois cependant, et quand l'occasion s'en présente, elle ne va pas sans une pointe de malice.

Un jour l'administration eut la sotte idée de forcer les marchands de Mulhouse à remplacer leurs enseignes par des enseignes allemandes. Il existait, paraît-il, dans les archives de la municipalité un vieux règlement suranné, qui obligeait les boutiquiers à les repeindre tous les 10 ans. Les fonctionnaires d'outre-Rhin qui aiment à exhumer les vieilles lois tombées en désuétude, et se font un malin plaisir de les appliquer, surtout quand ils peuvent par là procurer quelque ennui à leurs administrés s'applaudirent de leur trouvaille. Quel joli tour à jouer à tous ces entêtés Mulhousiens ! Le Kreis Director en tressaillit d'aise. Mais le cœur trouve des solutions inattendues. L'événement le prouva bien, car les boutiquiers, le lendemain, tournèrent la difficulté en badigeonnant de noir leurs enseignes.

L'ALLEMAND. — SES RAPPORTS AVEC LES ALSACIENS. POURQUOI IL NE PARVIENT PAS A S'EN FAIRE AIMER.

Il y a en ce moment peu de troupes dans les villes de garnisons ; elles sont sans doute parties pour les manœuvres impériales qui auront lieu sous peu dans les environs de Brumath ; mais le goût de l'uniforme est tellement inné chez l'Allemand, que je n'y perds rien ; dans les rues, dans les gares, c'est toujours un fourmillement de pickelhaubes, de casquettes d'ordonnance, de casaques vertes, jaunes, bleues. L'autre jour, à Munster, je me suis arrêté interdit devant le chef de gare, tant il était chamarré. Sous le ciel d'Orient, tout ce luxe de couleurs et de broderies, cet étalage de passementeries me paraîtraient superbes : mais ici, sur le dos de gens qui prennent à notre égard des airs de pédagogue et nous gourmandent sur notre amour du panache, je songe involontairement à la parabole de l'Évangile.

Sous le casque à pointe l'ancien étudiant de Tubingue et de Iéna est vraiment devenu méconnaissable. Qui ne se rappelle le temps où, homme de travail et d'étude, il poursuivait seulement la recherche désintéressée de la vérité ? Au-dessus des préjugés du vulgaire, il s'élevait avec indignation contre les péchés de vanité et d'infatuation. Nous a-t-il assez pris à partie sur ce qu'il appelait nos vices rédhibitoires ? On l'écoutait alors, bien que l'aigreur de ses discours pleins de bile et de fiel laissât deviner tout autre chose qu'une sainte colère. Car il parlait avec tant d'autorité, et il paraissait lui-même si au-dessus de toutes ces faiblesses, qu'on le croyait sur parole. Comment supposer alors que cette *deutsche Tugend*, dont on menait si grand tapage, n'était que de circonstance, et qu'au premier souffle de la fortune, elle s'abîmerait dans la poussière comme une statue aux pieds d'argile. Aujourd'hui l'Allemand légendaire, celui des Gretchen et des rêveries sentimentales, n'existe plus que sur les rayons de nos bibliothèques ; à sa place nous en avons un autre, à la fois sectateur des idées de la lutte pour l'existence et client de la foire aux vanités.

Un jour, je fis la rencontre, dans le train de Mulhouse, d'un groupe d'Allemands du Hanovre, venus pour affaires en Alsace. Bien qu'ils ne parlassent ni français ni anglais, je liai conversation avec eux. J'étais curieux de me renseigner sur l'état de l'opinion et de juger par moi-même des changements survenus depuis vingt ans. Dès les premiers mots je fus fixé. Il ne restait dans leur esprit aucune trace du vieux sentiment particulariste, si vivace jadis. Ces Hanovriens pur sang ne se rappelaient plus rien de l'histoire de leur pays, de leur ancien loyalisme. Ils ne voulaient plus rien savoir de la dynastie guelfe et de ses droits.

Pour eux, le royaume de Hanovre n'avait jamais existé qu'à l'état de province prussienne. Tous leurs enthousiasmes, leurs ardeurs étaient pour l'Empire et la personne de l'empereur. Quand ils en parlaient, leurs voix vibraient comme celles de dévots aux pieds de leur idole. Chez eux, il y avait plus que de l'attachement à la dynastie des Hohenzollern, c'était de la ferveur : une ferveur mystique, et ce sentiment ne leur était pas particulier ; car, bien des fois, j'ai eu l'occasion de le constater dans toutes les classes de la population, même jusque chez les enfants. Il est évident que frappées par les succès militaires de l'empereur et son grand âge, les imaginations populaires sont en train d'élaborer une légende qui, par les proportions et le surnaturel, ne le cédera en rien à celles des grands Césars du moyen âge, et qu'elles trouvent dans l'appareil de ces fêtes impériales, où le vieux monarque apparaît entouré d'un cortège de rois et de généraux, des éléments favorables. Mes Hanovriens en subissent le charme et la fascination. Après l'empereur, ils me parlent de l'armée. Ils m'énumèrent le chiffre des bataillons et des régiments. Ils me vantent leur force, leur discipline, leur tenue; ils en passent pour ainsi dire la revue; leur enthousiasme est lyrique. A travers un débordement de paroles où, à chaque instant, éclatent avec emphase les mots sonores de *Kaiserliche Parade, schœne Soldaten, prachtvolle Uniformen*, je démêle l'éblouissement que leur procure le spectacle matériel de la puissance allemande. Quelle orientation différente, cependant, dans les façons de penser de la jeunesse d'outre-Rhin ! Être un numéro matricule encadré au milieu d'autres numéros matricules suffit à ses aspirations. L'axe de la culture, s'il passe encore par l'école, pivote surtout sur le champ de manœuvre.

Mais en voilà assez; que nous importe après tout que les fumées de la victoire aient terni le brillant de la vertu germanique; nous répugnons en France à ces critiques inutiles qui ont toujours un arrière-goût de parti pris. Voyons plutôt si certaines lacunes du caractère allemand ne nous donnent pas la clef de bien des résistances.

« Il faut que les Alsaciens restent nos ilotes, » écrivait, en octobre 1870, le fils de M. le docteur Hans Blum, et ce cri de colère furieuse, poussé par un ancien libéral de 1848, reste, en dépit de toutes les protestations d'amour fraternel, l'expression la plus vraie des sentiments que le peuple allemand nourrit à l'endroit des Alsaciens-Lorrains.

Personne n'ignore plus en France, aujourd'hui, le caractère des idées qui ont dominé, depuis 1815 jusqu'à nos jours, dans les écoles et les universités d'outre-Rhin. Pendant que nous chantions des hymnes à la paix et à la fraternité universelle, on entonnait là-bas des chants de guerre, on élevait les jeunes générations dans la haine du nom français, on réclamait l'Alsace comme partie intégrante du patrimoine allemand, on surexcitait journellement les passions nationales par les récits toujours nouveaux des guerres de Louis XIV et de Napoléon. La Prusse qui s'était emparée du mouvement, et le dirigeait dans l'espoir d'y trouver le levier puissant qui devait lui faciliter sa politique unitaire, faisait à la fois enseigner dans ses écoles et ses journaux que les Français étaient des brigands et des poltrons et que les Alsaciens, Allemands de mœurs et de langage, regrettaient de ne plus faire partie de la grande famille germanique.

Aussi quand, après 1870, nos ennemis, qui, sur la foi de leurs poètes, s'étaient imaginés renouer facilement la tradition interrompue, se trouvèrent en présence d'une population française jusqu'à la moelle, ils perdirent tout sang-froid. Par nature, d'ailleurs, ils n'ont pas ces dons aimables qui surprennent les cœurs à l'improviste et s'en emparent. Comme l'Anglais, ils connaissent l'art d'exploiter les hommes, mais beaucoup moins celui de s'en faire aimer. Leurs qualités fortes et solides sont certes de celles qui profitent, mais dont il faut aussi payer la rançon. Leur volonté, leur application au travail, leur méthode rigoureuse, cette science du détail, qui leur donne tant de force, sont des qualités de premier ordre, mais elles n'ont rien de cordial ni de séduisant. De plus, l'Allemand n'a pas ces habitudes de bonne compagnie qui charment les cœurs et les captivent. Il n'a pas, comme le Français en général, ces goûts de grand seigneur et d'homme du monde éclairé, qui n'a pas pâli sur les in-folio, mais qui sait suffisamment de toutes choses pour les rechercher et les apprécier. Il n'a pas non plus ces goûts de dépense et de luxe, qui facilitent les rapports de société et font tomber les barrières. Certes l'Allemand est passionnément épris de musique; n'est-il pas étrange cependant que, dans une ville comme Strasbourg, il ait laissé tomber en déconfiture le théâtre jadis si prospère, et que, parmi tant de hauts fonctionnaires et de généraux richement payés, il n'y en ait pas un seul qui fasse la dépense d'une loge? Le vieux Strasbourgeois narquois se moque de cette lésinerie qui est pour lui sans précédents.

Comme fonctionnaire, l'Allemand ne séduit pas davantage. Il connaît à fond son métier, mais il est dépourvu de cette finesse d'esprit, de cette délicatesse de sentiment, de ce tact, qui sont indispensables à la conduite des hommes. Malgré ses bonnes intentions, il est balourd et grossier. Qu'un incident se produise qui ait l'air de porter atteinte aux clauses du traité de Francfort, aussitôt il perd toute mesure et compromet en une minute une année d'efforts et de laborieuse application. En 72 un écrivain alsacien ayant reproduit dans une biographie quelques vers de Victor Hugo, fut condamné à quatre mois de forteresse, et quelques mois plus tôt, M. l'avocat général Popp ayant à prononcer à Strasbourg un discours d'ouverture ne trouva rien de mieux à dire que ces paroles typiques : « Nous avons écrasé cette nation avide de gloire et de butin. Nous lui avons montré ce que peut un pays comme le nôtre, uni sous l'œil de Dieu, pour une cause sainte; nous avons conquis, non, nous avons délivré d'un joug déshonorant deux provinces qui sont de notre chair et de notre sang, et nous avons le ferme espoir que, bientôt, il ne coulera plus une goutte de sang français dans les veines des indigènes. Rappelez-vous, Messieurs, que vous êtes la légalité. Rappelez-vous que vous avez à votre disposition toute la rigueur des lois. Toutes les fois que cela sera nécessaire soyez sévères et soyez-le sans pitié, sans ménagement, car n'oubliez jamais que la douceur est une faute, la modération un péril. » C'est ainsi que les Allemands entendaient déjà, en 1871, convertir les Alsaciens récalcitrants. Certes ils n'avaient eu d'abord que du miel sur les lèvres. Faisant violence à leur tempérament et à des habitudes contractées en 1866, contre les Frankfortois, ils avaient d'abord voulu mettre des gants glacés, comme le disait un de leurs chefs d'état-major, et traiter en enfants prodigues les frères retrouvés. Mais... chassez le naturel il revient au galop. Tous ces beaux projets s'en sont allés en fumée à la première résistance.

LA POLITIQUE PRUSSIENNE EN ALSACE. — COUP D'ŒIL RAPIDE JETÉ SUR L'HISTOIRE DU PAYS DEPUIS 1870. — LA CONSTITUTION DE 1879. — LES PARTIS EN ALSACE.

Les ruines de Strasbourg fumaient encore, que les Allemands y transféraient le gouvernement qu'ils avaient institué, le 14 août 1870, le jour même de la bataille de Borny, et signalaient leur activité par une série d'ordonnances qui témoignaient à la fois de la maturité de leurs projets et de l'état de préparation dans lequel ils en avaient abordé l'exécution. Une des premières choses dont ils s'occupèrent, ce furent les écoles. Dès le 21 septembre de la même année, ils les réorganisaient à leur façon; et, par une série de décrets rendus coup sur coup dont le dernier porte la date du 14 avril 1871, ils nommaient le conseil d'instruction publique, ouvraient les écoles normales, élevaient le traitement des instituteurs, édictaient l'obligation de l'enseignement primaire et faisaient de l'allemand la langue exclusive de l'enseignement. En juin, ils promulguaient déjà la loi organique de l'Alsace-Lorraine. En septembre, ils imposaient aux avoués et aux notaires le serment politique, germanisaient les noms des rues, supprimaient presque totalement l'étude du français et appliquaient aux jeunes gens de la classe 1871, dont les frères avaient fait campagne dans nos rangs, l'obligation du service militaire. Ainsi, dès la première heure, s'évanouissaient les illusions qu'avaient pu faire naître les promesses faites en pleine guerre, pour amollir les volontés. L'autorité allemande, avant qu'elle pût connaître la façon dont les Alsaciens accueilleraient le nouveau régime, procédait avec une brutalité draconienne, et commençait par abattre les refuges d'une nationalité aux abois. Tout le système se déroulait dès lors avec une impitoyable logique. D'abord on nivelait, on faisait table rase, et, sur ce terrain déblayé, on s'efforçait de rééditier à nouveau en employant la ruse, la menace, la douceur au besoin, toutes les séductions de la puissance, tout le prestige de la victoire, toutes les ressources d'une administration savante et souple. La population comprit qu'on en voulait à tout ce que l'homme tient pour inviolable et sacré, à sa liberté de penser et d'aimer ; elle eut un long frémissement de colère et de révolte. Tant de hâte la froissait. Cette prise de possession, que ne ménageait aucune transition, l'humiliait et l'indignait. Quoi! on lui avait parlé d'autonomie et de *self government*, on lui avait parlé de tendresse maternelle, et, sans laisser aux larmes le temps de se sécher, on voulait qu'elle se déshonorât elle-même en reniant la foi du passé, en répudiant aujourd'hui l'amour qu'elle professait hier encore! Ce n'était pas possible. Aussi, quand les salles de vote s'ouvrirent, 400.000 individus, sur une population de 1.500.000 âmes, en comprenant tous les âges et tous les sexes, optèrent-ils pour la France.

Cette démonstration spontanée et vraiment colossale stupéfia les hommes d'État de Berlin. Ils changèrent d'allure, et comme à situation nouvelle il faut des hommes nouveaux, le gouverneur général, M. Bismarck-Bohlen, qui, sous la direction supérieure du chancelier de l'Empire, avait exercé le pouvoir depuis l'origine, fut remplacé par le premier président von Möller.

Celui-ci entra en fonctions au commencement de l'année 1872. Frappé des inconvénients de la dictature absolue, il inaugura un nouveau régime, celui de la dictature mitigée. En vertu de la loi organique, l'Alsace-Lorraine ne faisait pas partie de la Confédération germanique : elle était simple pays d'empire, c'est-à-dire sous la dépendance directe du chancelier, qui gouvernait par l'intermédiaire d'un lieutenant. Le programme de M. de Möller fut, tout en conservant la réalité du pouvoir et sans rien changer aux principes de la politique allemande, de donner quelques satisfactions platoniques sur le terrain du gouvernement local.

Déjà M. Bismarck-Bohlen avait fait une tentative. En août 1871, il avait autorisé toutes les communes de l'Alsace-Lorraine à élire leurs conseils municipaux. Partout les élections s'étaient faites avec une ardeur incroyable ; mais, à Strasbourg, la liste protestataire étant sortie de l'urne avec une immense majorité, le Gouvernement se fâcha, et cassa le conseil élu. En 1873, M. de Möller, pensant être plus heureux que son prédécesseur, convoqua les conseils généraux ; cette fois encore, Strasbourg ayant renommé les hommes qu'elle avait déjà envoyés siéger au conseil municipal, le gouverneur se trouva fort embarrassé ; pour se tirer d'affaire il imagina d'exiger le serment politique. D'emblée, MM. Ernest Lauth et ses collègues donnèrent leur démission. M. de Möller se frotta les mains, car il avait bien accordé quelque chose, mais en même temps il avait trouvé moyen de retirer sa concession. C'était le triomphe de l'habileté. Les Alsaciens seuls n'étaient pas contents ; ils le prouvèrent aux élections du Reichstag en 1874, en n'élisant que des députés protestataires, et, parmi eux, deux évêques et cinq curés. Malgré la conduite équivoque de Mgr de Raëss, et la fameuse lettre de 1874, où 797 curés promettaient d'accepter toutes les clauses du traité de Francfort, moyennant la liberté de la presse et le droit d'avoir des écoles confessionnelles, le clergé catholique, frappé dans sa conscience et ses intérêts par un gouvernement qui fermait ses écoles et inaugurait la politique du Kulturkampf, montrait en effet une attitude virile ; il prenait ouvertement la tête du parti patriote et lui apportait le concours de sa grande influence et l'appui de sa haute autorité.

Le résultat des élections de 1874, tout en étant un échec pour M. de Möller, ne le découragea pas cependant. Le vent soufflait d'ailleurs à la modération dans les hautes sphères de Berlin, et, fidèle interprète des courants d'opinion qui dominaient à la chancellerie, le gouverneur entra plus avant dans la voie ouverte par la convocation des conseils généraux ; c'était du reste très habile. L'obligation du serment politique, qui éloignait des assemblées populaires toutes les natures fortes et indépendantes, venait fort à propos pour permettre de reprendre d'une main ce que l'on avait accordé de l'autre. On jouait au libéral ; on se faisait une clientèle parmi les ambitieux de village, gens qui pullulent en tous pays ; enfin, ce procès engagé devant l'opinion, on courait chance de le gagner contre les protestataires, puisqu'on se montrait disposé, malgré leurs bouderies, à doter le pays de réformes utiles. Fidèle à son programme, M. de Möller eut donc l'idée de s'adjoindre un corps consultant formé par les délégations des conseils généraux ; en 1874, il créa le Landesausschuss qui se composa de trente membres, dont dix étaient laissés au choix des conseils généraux ; il lui accorda le droit d'examiner chapitre par chapitre le budget dont l'ensemble était voté par le Reichstag et, trois ans plus tard, celui de voter les lois, sous la réserve de leur ratification par le Bundesrath. En 1879 enfin, il fit transférer, à la demande du parti autonomiste, qui s'était constitué au sein du Landesausschuss, le pouvoir central de Berlin à Strasbourg. Son œuvre était finie, il semble que tout le monde aurait dû être content : les autonomistes, qui avaient eu gain de cause dans leurs revendications, et M. de Möller, qui avait inventé le système du trompe-l'œil constitutionnel et pensait avoir réussi.

Ce n'est point cependant ce qui arriva. A Berlin, on s'apercevait que le pseudo-libéralisme, inventé pour les besoins de la cause, n'avait pas plus de prise sur les sentiments alsaciens que le système de la dictature. De leur côté, les populations annexées démêlaient la vérité à travers toutes ces apparences de vie constitutionnelle et ne se trompaient pas sur les mobiles et l'objectif de l'autorité. Elles sentaient que tout cela n'était qu'un jeu, qu'une fantasmagorie, qu'un hameçon, que l'autonomie réelle n'existait pas plus après qu'avant la constitution de 1879 ; que, quant à elles, elles n'exerceraient jamais aucune action réelle sur la marche de leurs affaires, dont la direction était et resterait aux mains des Allemands. Déçu dans ses calculs, le Gouvernement changea pour la troisième fois de système.

La constitution du 14 juillet 1879 entra en vigueur le 18 octobre; et, le même jour, le maréchal de Manteuffel saisit les rênes du pouvoir. C'est à lui que fut dévolu le soin d'inaugurer le gouvernement débonnaire et patriarcal. Il s'y prit en grand seigneur. Doux, affable, il dépensa d'une façon libérale son traitement de feld-maréchal et de gouverneur; il interpréta dans un sens moins judaïque la loi de l'option, et autorisa beaucoup de Français indigènes à résider dans les pays annexés. Mais, dans la question essentielle, celle qui tient au cœur des Alsaciens-Lorrains, il se montra aussi impitoyable que ses prédécesseurs, aussi à cheval sur le règlement qu'un militaire allemand peut l'être. Le même homme qui ne se laissait pour ainsi dire jamais saluer le premier, et qui fit, sans compter, des avances aux plus riches familles d'Alsace, interdit l'emploi de la langue française dans les débats du Landesauschuss, malgré la présence de tant de députés ignorant l'allemand, fit accuser de haute trahison le député de Metz, Antoine, et le fit mettre en prison; se montra l'adversaire résolu de la presse indépendante, frappa de suspension, en 1881, le journal *la Presse d'Alsace-Lorraine*, et, en 1883, le *Volksblatt*, organe de la protestation; refusa l'autorisation à M. le député Antoine de fonder un journal, enfin défendit aux compagnies françaises d'assurances de continuer leurs opérations, sous prétexte que leurs agents étaient des instruments d'agitation aux mains du parti protestataire.

Son système autocratique, tempéré par les manières d'un homme du monde, n'eut pas plus de succès que le régime dictatorial pur, ou celui du trompe-l'œil constitutionnel. La mort le frappa d'ailleurs sans qu'il ait eu, un moment, la satisfaction d'avoir fait avancer d'un pas une question qui, par la force des choses, est et reste insoluble entre les Allemands et les Alsaciens-Lorrains.

La constitution de 1879 est celle qui régit aujourd'hui l'Alsace-Lorraine. L'autorité s'exerce par les mains du gouverneur, à qui l'empereur délègue ses pouvoirs. Il a sous ses ordres un ministre qui contresigne ses décrets. Le ministre est aidé dans sa tâche par quatre sous-secrétaires d'État qui se partagent les affaires. La nomination du ministre, des sous-secrétaires d'État, des conseillers d'État, est faite par l'empereur et contresignée par le gouverneur; celle des employés supérieurs émane du gouverneur; celle des employés subalternes, du ministre. Le conseil d'État donne son avis sur les projets de loi et sur les règlements administratifs. Il se compose du ministre, des sous-secrétaires d'État, du premier président, de l'avocat général et de 8 ou 12 membres, nommés par l'empereur, dont 3 sur la proposition du Landesausschuss.

Le Landesausschuss est une espèce de parlement; il est composé de 58 membres : soit 34 conseillers généraux, 4 délégués des conseils municipaux des villes de Colmar, Metz, Mulhouse et Strasbourg; enfin de 20 délégués de l'ensemble des conseils municipaux du pays, à raison de un par arrondissement ou *kreis*. Les députés prêtent le serment politique, et ont le droit d'initiative. Conjointement avec le Bundesrath, ils participent à la confection des lois; mais le Reichstag a le dernier mot sur toutes leurs décisions : il peut opposer son veto, il peut même donner, par son vote, force de loi à toute proposition rejetée par le Landesausschuss.

Le système est compliqué, mais surtout aussi éloigné du *self government* que possible. En dernière analyse, c'est le Statthalter qui détient tous les pouvoirs : les députés ne sont là que pour sanctionner les décisions qu'il a prises. Comme s'écrie très bien M. Alfred de Rappolstein : « Est-ce là vraiment de l'autonomie? N'en est-ce pas plutôt la caricature? Tandis que les lois bavaroises se discutent à Munich, nous ne pouvons rien ici sans l'approbation du Conseil fédéral. La véritable autonomie a pour base le gouvernement du pays par le pays lui-même. Est-ce notre cas? Est-ce que les messieurs North, Klein, Kœchlin sont sous-secrétaires d'État? Non, ce sont des Allemands qui sont à la tête des sections du ministère. Si, cependant, le *self government* dont on nous leurre était une réalité, c'est le contraire qui devrait avoir lieu. En résumé, l'Alsace est une espèce de colonie gouvernée par des Allemands, sous le contrôle de députés alsaciens. » Ces lignes sont l'expression de la vérité. Tout cet échafaudage parlementaire élevé à grand frais n'est qu'un décor pour la parade; le siège de député, qu'un appât jeté à l'ambition de vulgaires ambitieux glorieux de jouer un rôle. Les hommes de valeur ne s'y trompent pas en Alsace, aussi se dispensent-ils de paraître dans les assemblées publiques, dont ils ne peuvent franchir le seuil qu'à la condition de prêter le serment politique, et cèdent-ils la place à ces gens d'une moralité douteuse qui, en tout pays, encombrent les avenues du pouvoir. C'est à ces hommes, prêts à toutes les turlupinades pour satisfaire leur goût de grandeur, que le gouvernement allemand s'adresse pour peupler ses mairies et ses délégations. Pourvu qu'ils possèdent une intelligence passable et une réputation pas trop compromise, ainsi que l'observe si finement l'auteur anonyme des *Lettres à un ami, par un Alsacien-Lorrain*, il a des bras toujours ouverts pour les recevoir. Ceux-ci y tombent en colorant leur apostasie de prétextes patriotiques; mais, dès le lendemain, perdus dans l'opinion, ils deviennent des instruments inutiles et inertes aux mains de l'administration.

C'est à l'intérieur du Landesauschuss que se sont d'abord manifestés les différents courants d'opinion qui agitent la population d'Alsace-Lorraine. On a beaucoup parlé et écrit des autonomistes. Égarés par les inconséquences de conduite de M. Auguste Schneegans qui, après avoir prononcé des discours chauvins à Lyon et avoir été député protestataire à l'Assemblée nationale de Bordeaux, est maintenant un simple salarié allemand à Messine, beaucoup de gens, en France et ailleurs, ont douté de la sincérité des hommes qui ont pris la tête du mouvement et se sont demandé si, par hasard, aucune arrière-pensée personnelle ne se cachait au fond de leurs protestations de dévouement à la chose publique. Ces craintes n'étaient pas fondées. L'histoire de ces dix dernières années a lavé de tout soupçon injurieux des hommes tels que MM. Klein, Kœchlin, Ferdinand Schneegans. Ces personnalités désintéressées ne sont pas à confondre avec la tourbe de politiciens de bas étage qui prennent le masque du patriotisme pour satisfaire leur ambition, et qui prétendent ne revêtir la livrée allemande que par abnégation et pour opposer une digue à l'invasion étrangère. Ce n'est donc pas entre les autonomistes et les protestataires qu'il y a une distinction réelle à établir. Car ce qui les sépare, c'est moins une question de doctrine que de tempérament; les uns et les autres tendent au même but par des voies différentes, et, d'ailleurs, les autonomistes sont protestataires à leur heure et des protestataires comme M. Kablé sont aussi des hommes d'action et des hommes d'affaires. Les partis politiques de tendances opposées n'existent pas en Alsace-Lorraine. Il n'y a qu'un parti, celui de la résistance, qui forme l'immense majorité du pays, et puis il y a ceux qui, par lassitude, par faiblesse, vanité ou ambition, laissent agir sur eux les influences allemandes, et envisagent l'avenir avec la conviction que ce qui est passé ne reviendra plus.

La politique autonomiste n'est cependant pas sans danger. En facilitant les rapports entre vainqueurs et vaincus, elle rapproche la distance qui les sépare. A ce point de vue elle éveille moins de sympathie que la politique protestataire, car, d'instinct, le peuple se rend bien compte qu'en présence d'un ennemi actif et vigilant rien n'est périlleux comme les évolutions, et que le mieux est de se défendre obstinément sur les positions connues depuis longtemps.

Que dire également des tentatives qui, sous des étiquettes plus ou moins séduisantes, tâcheraient de rallier l'opinion et de constituer un grand parti libéral autour d'un nouveau drapeau? N'est-il pas à craindre qu'en déplaçant le terrain de la lutte, elles n'amènent la dislocation de l'armée patriote et ne produisent des brèches par où s'élancerait l'ennemi? La phalange macédonienne était invincible, mais à la condition de rester immobile à son poste de combat.

La prudence est d'ailleurs d'autant plus nécessaire que les Allemands ont à leur disposition non seulement tous les moyens que donne la possession du pouvoir, mais également ceux que l'intelligence pratique des affaires procure. Je me suis assez élevé contre leur politique, pour être juste envers leur administration. Je n'entends pas, par là, m'associer aux éloges que M. de Bismarck décernait en bloc à la bonhomie et à la bienveillance de ses fonctionnaires : j'ai souvent vu le contraire en Alsace, et souvent entendu critiquer les façons bureaucratiques et les habitudes minutieuses et tracassières qui ne laissent ni repos ni trêve à l'administré. Je ne parle que de l'organisation de la machine elle-même. Or, il est évident que si les Allemands sont inhabiles dans l'art de la faire fonctionner sans heurt et sans grincement, ainsi que le témoignent leurs insuccès en Alsace, en Pologne et dans le nord du Schleswig, ils s'entendent au contraire à merveille à l'agencer et, pour parler d'une façon plus générale, à déduire mathématiquement d'une situation donnée les moyens les plus propres à se rapprocher du but. C'est ce qu'ils ont essayé en Alsace, parfois avec succès. C'était de bonne guerre, et on ne saurait leur en faire un grief.

Ainsi, loin de tout bouleverser dans l'ancien système administratif, ils en ont conservé les vieux cadres. Sans rien changer à la physionomie générale, ils y ont apporté des modifications de détail qui ont pourtant une importance réelle. Ils ont conservé la législation française (1), mais en introduisant les nouveaux codes

---

(1) Les Allemands ont supprimé les justices de paix et établi des amtsgericht. L'amtsgerichter juge seul au civil; pour les contraventions et les délits, relevant de cette juridiction, il juge assisté de deux échevins. Il y a moins d'amtsgericht que

allemands, pénal, commerce et procédure, ce qui facilitera leur politique d'isolement. Ils ont remboursé leurs charges aux notaires et diminué leur nombre des deux tiers ; ils ont supprimé les avocats mais ont fait de l'avoué un homme important, ce qui leur procure des candidats pour le Landesauschuss. Ils ont maintenu les trois anciens départements avec leurs préfets ou Bezirks-président, sous le nom de départements de Haute-Alsace, de Basse-Alsace et de Lorraine ; mais ils ont considérablement augmenté le nombre des arrondissements ; ils l'ont doublé et porté à 22. A la tête de chaque arrondissement, ils ont mis des fonctionnaires qui, pour le grade, correspondent à nos sous-préfets, mais en réalité ont des attributions bien plus importantes. Les avantages de cette innovation sautent aux yeux. D'abord la circonscription étant bien plus limitée qu'autrefois, les rapports entre administrateurs et administrés sont plus fréquents et plus suivis. En second lieu, le Kreisdirector, ayant plus d'autorité et de prérogatives, jouit de plus de prestige et de plus de considération. Au lieu d'être un rouage inutile et embarrassant, propre seulement à ralentir les affaires comme son collègue français, il est le moteur principal et la cheville ouvrière de la nouvelle organisation. Sans l'intermédiaire du préfet, il correspond directement avec le sous-secrétaire d'État qui siège à Strasbourg et, sous sa haute surveillance, dirige lui-même l'administration, prend des décisions et expédie les affaires. Aussi est-il un gros personnage. Pour rehausser encore son prestige, l'État lui alloue 3.000 francs par an de frais de déplacement et lui donne chevaux et voitures. Il en profite pour se tenir constamment en communication avec ses administrés. Toujours en tournée, allant de commune en commune, visitant fréquemment tous ses maires, il exerce une surveillance active et acquiert une influence personnelle par les mille occasions qu'il a de rendre service ou de réprimer les abus. Le paysan, qui le voit fréquemment, lui donne parfois sa confiance. Qu'il se présente une occasion favorable, surtout si, par l'abstention des hautes personnalités alsaciennes, aucune concurrence sérieuse n'est à craindre, il a quelque chance, avec un peu d'activité et d'entregent, d'être nommé vice-président dans les comités agricoles. Le fait s'est déjà produit. Le Kreisdirector est donc un agent de germanisation redoutable.

de cantons. L'organisation judiciaire est complètement indépendante de l'organisation administrative.

SITUATION ÉCONOMIQUE

Voyons maintenant quelles sont les conséquences de l'annexion, au point de vue de la fortune publique. Nous aurons de précieux renseignements à ce sujet dans les rapports des chambres de commerce. Précisément, celles de Metz et de Strasbourg viennent de publier le leur. Ouvrons ces documents officiels. Dès la première page, j'y constate un mécontentement unanime. Les négociants de l'une et de l'autre cité se plaignent que l'annexion ait arrêté l'essor de l'industrie et du commerce, et ouvert une crise intense.

Le traité de Francfort, en élevant des barrières douanières sur les crêtes des Vosges, a d'abord fermé le débouché naturel des fabriques alsaciennes et rejeté leurs produits sur un marché déjà suffisamment pourvu, au grand détriment des industriels des deux pays ; car l'Allemagne, qui, avant la guerre, possédait 3 millions de broches, ne lutte que péniblement contre une industrie plus puissante et plus hardie, et, d'un autre côté, les belles impressions de Mulhouse, qui par la beauté du dessin et l'éclat des couleurs rivalisent avec les plus riches tissus, ne trouvant que difficilement preneurs dans un pays où le luxe et l'aisance sont moins répandus que chez nous, souffrent et périclitent. Il en est de même de l'industrie des filés fins dont le nombre de broches est tombé, de 360.000, en 1860, à 200.000. De plus, beaucoup de gros fabricants ont passé la frontière pour venir s'établir en Normandie ou dans les Vosges, et leurs ouvriers les ont suivis. Bischwiller est devenu à moitié désert ; sa fabrication de draps en laine cardée a presque disparu. Sainte-Marie-aux-Mines, dont l'industrie de tissus mélangés et teints a émigré à Saint-Dié, n'a pas été mieux traitée. Quant aux grandes usines métallurgiques de Niederbronn, de Graffenstaden et du pays Lorrain, jadis si florissantes, elles ne sont plus, quelques-unes du moins, que l'ombre d'elles-mêmes.

Les autres sources de la richesse publique ne sont pas dans des conditions plus prospères. Les grandes familles qui ont émigré ont emporté d'énormes capitaux. Les Allemands qui les ont remplacés sont gens sans sou ni maille, qui mènent une vie peu dispendieuse, font venir d'Allemagne leur grossière pitance et se concertent encore entre eux pour ruiner ce qui reste du négoce français, ainsi qu'on peut le voir à Metz où, par suite de l'exode de toute la population aisée, la situation est devenue très précaire. Le commerce languit donc ; quant à l'agriculture, elle est tout aussi atteinte.

L'Alsace-Lorraine est un pays de riche culture qui possède plus de 336.000 hectares de belles terres arables et 26.000 hectares de vignobles. Le pays messin est célèbre entre tous pour l'abondance de ses produits : et cependant, de l'aveu même des documents officiels, le paysan souffre cruellement. Sans doute la crise tient à des causes générales dont les effets se font sentir sur tout le continent ; mais ces causes générales ne suffisent pas à tout expliquer. Il y a en plus des causes spéciales qui tiennent au nouvel état de choses. Ainsi, par exemple, la suppression du monopole a ruiné la culture du tabac ; le prix de l'hectare qui valait jadis 10.000 francs s'avilit de jour en jour. La viticulture devrait être mieux partagée, car le prix du vin a triplé, depuis que les nôtres ne franchissent plus la frontière et que les négociants rhénans viennent se pourvoir en Alsace pour fabriquer du Johannisberg ; et cependant les vignerons se plaignent : l'hectare de terrain, qui valait couramment 10.000 francs avant la guerre, ne rapporte que difficilement 2 ou 300 francs nets. Sans doute, les récoltes mauvaises se succèdent presque sans interruption, depuis seize ans ; mais l'émigration de toute la jeunesse valide a porté un trouble considérable dans le fonctionnement de la vie sociale et tari les sources du travail et de la richesse (1).

J'ai entendu parfois les Alsaciens regretter qu'au moment de la signature du traité de Francfort, la France n'ait pas stipulé de clauses spéciales, de façon à ménager davantage leurs intérêts matériels. Tout en s'associant à ces regrets, tout en constatant avec douleur que la rupture des relations commerciales facilite au gouvernement prussien la germanisation de l'Alsace, comment cependant ne pas reconnaître qu'il était difficile aux diplomates français de tenir une autre conduite ? Ne fallait-il pas assurer, de toute nécessité, l'existence de nos ouvriers et de nos fabricants, puis fermer la porte aux produits allemands qui auraient trouvé moyen de se

---

(1) Quand un fonctionnaire quitte l'Alsace pour aller en pays allemand, il continue à toucher son traitement alsacien. Or comme ceux-ci sont plus élevés dans les pays annexés qu'ailleurs, le budget alsacien paie la différence. Ainsi, M. de Pommeresche, ancien sous-secrétaire d'État à Strasbourg, aujourd'hui président en Prusse, touche annuellement plusieurs milliers de marcs du fisc alsacien-lorrain. En outre le gouvernement accorde facilement le traitement de disponibilité à des fonctionnaires acceptant des situations non gouvernementales.

glisser, eux aussi, sous une étiquette mensongère. D'ailleurs, M. de Bismarck, dont toute la politique tend à rompre les liens qui unissent les deux populations sœurs, aurait-il laissé se perpétuer longtemps des relations qui forcément eussent contribué à maintenir le sentiment français? A la première occasion et dès que la période de transition aurait été passée, il aurait dénoncé toute clause ou tout traité de ce genre. Sans doute, il est fâcheux, très fâcheux que nous travaillions nous-mêmes à la construction de cette muraille de Chine, qui nous isole de nos frères. Mais le moyen d'échapper à l'étreinte impérieuse de la nécessité? Le moyen de ne pas se défendre contre des tarifs prohibitifs? Les Allemands ont mis de tels droits sur la plupart de nos produits, sur nos soies (confections) par exemple, qui paient 1128 francs par 100 kilogr., sur nos vins, sur nos tissus, que les affaires sont devenues impossibles pour le négociant français, et que le voyageur de commerce est aujourd'hui forcé d'abandonner complètement à son concurrent d'outre-Rhin sa riche clientèle d'au delà des Vosges. Dans son ardent patriotisme, le marchand alsacien-lorrain achète encore à Paris. Mais qui pourra jamais lui jeter la pierre, s'il se lasse un jour d'introduire des marchandises qui paient trois ou quatre fois leur valeur à la frontière?

Le patriote attristé, qui parcourt aujourd'hui un tableau de statistique des provinces perdues, ne s'arrête avec complaisance que sur la colonne démographique. Au premier instant, en effet, il constate avec plaisir que, de ce chef, au moins, il n'y a pas eu recul depuis seize ans, et que le recensement de 1880 accuse même une augmentation de 10.000 âmes. Sa joie n'est malheureusement pas de longue durée, car s'il analyse le chiffre de la population, qui est de 1.566.670 âmes, il s'aperçoit qu'il faut d'abord défalquer l'élément militaire, qui ne compte pas moins de 38.963 soldats, soit 13.000 dans la Basse-Alsace, 4.000 dans la Haute, et 21.000 en Lorraine; puis l'élément civil allemand qui se compose de 36.000 Prussiens, 14.000 Bavarois, 6.000 Wurtembergeois, 5.000 Badois, et s'élève pour l'ensemble des différents pays allemands à 80.000 individus, dont 30.000 sont fixés à Strasbourg, 20.000 à Metz, 1.300 à Wissembourg, 400 à Schlestadt, et le restant sur toute la surface d'un pays, qui, par l'excellence de ses produits et la beauté pittoresque de ses sites, attire les faméliques habitants des plaines marécageuses du Brandebourg et de la province de Prusse. Dans un intérêt aisé à comprendre, le Gouvernement facilite en effet l'immigration allemande, et, par une combinaison ingénieuse dont la bourse des Alsaciens-Lorrains fait d'ailleurs tous les frais, attire dans le Reichsland les vieux fonctionnaires retraités, qui trouvent plus de plaisir à boire le petit vin blanc des coteaux de Ribeauvillé que la bière blanche des bords de la Sprée.

Loin de subir une augmentation, l'élément indigène a donc plutôt diminué depuis l'annexion. L'Alsace-Lorraine comptait en effet 1.517.494 habitants en 1871, et seulement 1.527.707 en 1880. Or, si l'on réfléchit que, pour la seule période quinquennale qui se termine en 1875, il y a eu un excédent de 52.120 naissances, et une immigration de 45.000 Allemands; qu'en 1880, il n'y avait cependant qu'un excédent de 10.000 âmes, il faut conclure de tous ces chiffres que la population indigène a diminué de près d'un huitième, et qu'environ 200.000 personnes se sont condamnées à l'exil, pour échapper au régime prussien.

RIBEAUVILLÉ

Toute la Haute-Alsace est un pays très pittoresque. De Mulhouse, on rayonne facilement dans les vallées latérales qui s'ouvrent successivement en éventail, et descendent des Vosges perpendiculairement au Rhin.

Au commencement de septembre, toutes ces excursions sont charmantes. La nature a tour à tour quelque chose de si riant et de si sévère, que les tableaux changent sans cesse, et sont un perpétuel enchantement. Les pentes escarpées des montagnes qui tombent presque à pic du côté de l'Alsace trompent sur les proportions réelles, et les couronnes de bois qui ferment l'horizon font de chacune de leurs gorges profondes une espèce de sanctuaire paisible, qu'habitent le calme et le repos. Hier, j'ai remonté la délicieuse vallée de Guebwiller; aujourd'hui, me voici à Ribeauvillé. Quel gracieux décor que cette chaîne des Vosges! Je la voyais tout à l'heure courir parallèlement à la voie ferrée, avec ses contreforts couverts de pampres et les ruines de ses vieux manoirs, et c'était un tableau à ravir un poète. L'heure, il est vrai, était propice. Le soleil se levait sur le Rhin et, de ses rayons d'or, déchirait lentement les vapeurs matinales dont les gazes d'azur flottaient à mi-côte, sur les coteaux et les collines; la terre, tout humide de rosée, découvrait son sein nu et montrait sa beauté. Sur des pics abruptes, perchées comme autant de nids d'aigle, des ruines féodales dressaient dans les airs leurs débris pittoresques, et, dans le bas de la vallée, des faneurs et des faneuses mettaient le foin en meules, en lançant dans les airs leur joyeuse chanson.

Un tramway à vapeur me conduit en quelques minutes de la gare à Ribeauvillé. La petite ville, au milieu de vignobles renommés, avec sa vieille enceinte sur laquelle l'Allemagne vient de faire rebadigeonner à neuf les armes de Bavière, pour attester sans doute l'authenticité de ses droits historiques, s'élève à l'entrée d'une longue et profonde vallée. Au-dessus, assis sur des masses rocheuses, j'aperçois les trois châteaux de la célèbre famille des Ribeaupierre; leur silhouette pittoresque jette dans le paysage une note exquise de poésie romantique.

Je suis la route excellente qui, par les crêtes, mène à Sainte-Marie-aux-Mines. Ce ne sont de tous côtés que bois superbes à la puissante frondaison, mousses et fougères, villages tapis dans des nids de verdure, ravins cachant dans leurs replis quelque portail branlant d'anciennes abbayes gothiques. Le paysage n'a pas sans doute les splendeurs écrasantes et grandioses des sites alpestres. Mais que de suavité intime dans ces coins oubliés pleins d'ombre et de mystère, que de charme pénétrant dans ces paysages familiers d'où s'exhale le parfum délicat d'une nature simple et rustique! Et dire que, pendant tant d'années, nous sommes allés à Bade ou à Hombourg, chercher ce que nous avions chez nous en abondance. Heureusement qu'il n'est jamais trop tard pour bien faire, et il faut espérer qu'à l'avenir, le mouvement qui, chaque année, commence à porter un grand nombre de Français du côté de l'Alsace, ne fera que s'accentuer. La politique du gouvernement allemand tend à faire des Vosges une barrière infranchissable. Répondons à cette tactique en venant en files profondes. Nous parcourrons en touristes les villes et les villages, les vallées et les plaines, et, par notre seule présence, tout en nous abstenant de démonstrations intempestives, nous ferons une œuvre utile qui portera des fruits. Petits moyens, dira-t-on. Eh! sans doute; mais les Allemands, qui ont pour eux le prestige de la victoire, ne négligent pas même les plus mesquins. Faisons donc comme eux, puisqu'on n'a pas encore trouvé de meilleur moyen pour battre son ennemi que de lui emprunter ses armes.

Me voilà de nouveau revenu à la politique, moi qui croyais si bien l'avoir oubliée. Mais comment échapper à son étreinte, alors que, sous les formes les plus diverses, à la ville ou à la campagne, elle s'impose et à chaque instant vous ressaisit. Hier c'était le commissaire de police, exigeant pour un séjour de vingt-quatre heures chez un ami vos noms, prénoms et qualités; aujourd'hui c'est le garde champêtre qui vous défend, sous peine d'amende, de chasser dans la campagne, ou de pêcher dans le ruisseau qui coule à votre porte; demain ce sera le garde forestier venu du Harz ou de la Silésie, qui porte la cognée sur ces beaux chênes à la forte ramure et met en coupe réglée les forêts. Comme il se donne pour très savant, il faut admettre qu'il a de bonnes raisons pour agir de la sorte et que sa façon d'exploiter est supérieure à celle de l'aménagement, que nous pratiquons de préférence. Mais, pour Dieu! que deviendrons-nous, si peu à peu on nous supprime tout ce qui fait le charme de la vie? Le progrès poussé ainsi jusqu'aux dernières limites confine à la barbarie. A voir ces sommets nus et glabres, veufs de leur belle parure, je me demande où est la différence entre le pâtre arabe qui brûle les forêts pour procurer de jeunes pousses à ses troupeaux, et ce sylviculteur chevronné qui dénude les montagnes pour grossir les ressources du trésor?

Oh! l'État, l'État, quelle affreuse machine il tend à devenir, quand, par ses abus de réglementation et ses ingérences perpétuelles, il se met en contradiction avec ce besoin d'air et de liberté qui est au fond de la nature humaine!

EN ROUTE POUR STASBOURG. — CE QUI SE DISAIT EN ALSACE, EN 1886.

J'étais parti pour Strasbourg. En route, mettant à profit la facilité qu'ont les voyageurs de s'arrêter sur le parcours, je suis descendu à X... La ville n'a plus grand intérêt depuis que les Allemands en ont jeté par terre les fortifications; mais c'était jour de marché, et j'étais curieux d'en voir la physionomie. Je demande pardon à mon lecteur de ce nouvel arrêt. Qu'il ne s'impatiente pas cependant; il vaut la peine, quand il s'agit de l'Alsace, de s'attarder par les chemins, même au prix d'un peu de fatigue, si l'on peut espérer ainsi accroître sa récolte d'informations et noter quelques traits nouveaux, qui éclairent la situation respective des vainqueurs et des vaincus.

J'étais donc sur la place de X..., quand j'avise un groupe d'hommes qui causent. Comme les relations entre Français et Alsaciens se font vite et que le doux parler de la Touraine est un talisman qui ouvre les portes et les cœurs, je les accoste et écoute leur conversation. « Ah! dit l'un, un campagnard de la plaine; les choses ne peuvent plus marcher ainsi; le pays se ruine; depuis que les Français ne sont plus ici, les affaires ne vont pas. Oui, je l'avoue, après l'annexion, quand j'ai vu les Allemands dépenser l'argent à pleines mains, reconstruire Strasbourg, jeter ici même les fortifications par terre, et tracer de belles promenades, quand j'ai vu le Kreis Director descendre de sa voiture, à la porte de ma maison au village, et me demander des nouvelles de ma femme et de mes enfants, je me suis quelque peu laissé prendre à leurs belles paroles. Ils promettaient tant de choses : emplois lucratifs, autonomie administrative, et le reste, qu'il était difficile de n'être pas satisfait. Et puis, vous savez, je suis propriétaire d'un vignoble à Ribeauvillé. Je pensais qu'affranchi de la concurrence des vins français, je vendrais mes produits le double. J'ai également une ferme à vingt kilomètres de Strasbourg. J'y cultive le tabac. Dans le temps j'avais eu des démêlés avec la régie, elle était si méticuleuse! elle comptait les feuilles, imposait des amendes, c'était une surveillance de tous les instants. Moi qui aime à être maître chez moi, je n'ai pas été fâché d'apprendre en 1871 que, dorénavant, je cultiverais le tabac à ma guise, et que je ne serais plus sous le contrôle de personne. Hélas! tout a tourné autrement que je ne me le figurais (1). Les impôts sont plus lourds; les centimes additionnels augmentent chaque année; si je n'ai plus rien à redouter de la régie, je n'en suis pour cela pas plus tranquille, puisque je ne peux plus brûler ma récolte de vin sans avoir prévenu les agents du fisc. Je fais bien du tabac quand et où cela me plaît, mais je suis bien avancé, maintenant que la manufacture de Strasbourg ne me le paie plus qu'un prix ridicule, que mes terres diminuent tous les jours de valeur. Quant à mes vins, comme si le diable s'en était mêlé, voilà quinze ans que nous n'avons plus de récolte. Ah! canailles d'Allemands! » fit-il, en serrant le poing.

(1) Le gouvernement allemand perçoit un droit de fabrication d'après la contenance des alambics et la durée de l'opération. Le paysan est obligé de laisser à la mairie le chapeau de la chaudière, en dehors de la période de distillation.

« Oh! là, calmez-vous, calmez-vous, père Mathias, reprit un petit bonhomme gros et rond, en lui tapant sur l'épaule. Voyez là-bas le petit Fritz, le fils de l'ancien zouave français, aujourd'hui agent de police; il vous surveille et vous savez que le commissaire ne tolère pas les écarts de langage. D'ailleurs vous avez tort; est-ce la faute du gouvernement allemand si l'agriculture souffre de la concurrence américaine et de la pléthore occasionnée par l'emploi de plus en plus grand des machines, le développement de la navigation à vapeur, le percement des isthmes et les progrès rapides de pays arriérés? On se plaint du gaspillage de nos finances, du déficit qu'accuse aujourd'hui, après tant d'années prospères, le bilan de la manufacture des tabacs que M. le sous-secrétaire d'État Mayr a transformée en tonneau des Danaïdes; on reproche aux Allemands de s'être laissés griser par le succès et d'avoir perdu la tête, à la façon des parvenus. Mais qu'importe de payer quelques francs d'impôt de plus ou de moins, quand on appartient à un pays fort, puissant, et qui commande en maître? D'ailleurs, toutes les dépenses faites ne l'ont pas été en pure perte; notre service de postes et télégraphes est excellent, nos gares de chemins de fer s'embellissent tous les jours, nos curés, nos vicaires, nos maîtres d'école, nos facteurs ruraux, en un mot tous nos employés subalternes sont mieux rétribués que jadis. Allez, croyez-moi, ne vous cristallisez pas dans le passé : le monde marche et vos efforts pour l'attarder ne serviront de rien. L'Allemagne est puissante et son armée la première d'Europe; elle nous a pris et ne nous lâchera plus. A quoi bon, alors, se raidir? Le mieux n'est-il pas de se soumettre? Les exaltés nous disaient que tout cela n'était que provisoire. Mais voilà seize ans qu'il dure, votre provisoire. Il faut bien pourtant vivre. »

Le bonhomme se tut, fier de ce dernier trait qui lui paraissait irrésistible. Alors un jeune homme de trente ans environ, qui avait jusqu'ici gardé le silence, mais dont la physionomie trahissait la colère intérieure, prit à son tour la parole : « Ainsi donc, voilà où vous en êtes arrivé, monsieur le notaire. Après avoir accepté à contre-cœur, vous le disiez du moins, les faveurs de l'Allemagne, vous venez aujourd'hui sur nos marchés vous faire son avocat, et nous vanter les douceurs de son régime. Je comprends qu'il ait eu pour vous des charmes particuliers, ce régime qui vous a remboursé les frais de votre charge; mais, de grâce, n'insistez pas trop, de peur que nous ne nous souvenions d'avoir payé nous-mêmes de nos propres deniers les 26 millions de francs que vous avez touchés.

« Vantez-nous donc l'habileté machiavélique d'un gouvernement qui cherche, sans bourse déliée, parmi vous des collaborateurs ; mais ne parlez pas trop haut des bienfaits d'une administration qui a grevé Strasbourg d'une dette de 20 millions, qui nous impose plus lourdement que nos voisins d'outre-Rhin, et nous fait entretenir grassement une armée de fonctionnaires inutiles. Prenez garde que trop de chaleur dans votre plaidoirie ne nuise à votre cause et ne laisse deviner les motifs de votre conduite. Vous avez intrigué, si j'ai bonne mémoire, l'année passée pour devenir maire de la commune, et vous acquittez aujourd'hui la dette que vous avez contractée envers M. le Kreis Director.

« D'ailleurs, ajouta-t-il en se tournant vers moi, la question qui se débat entre nous et les Allemands est plus haute ; il ne s'agit pas de savoir si oui ou non ils ont gaspillé nos finances, et introduit des améliorations de détail. Notre grief contre eux, notre grief véritable, c'est qu'ils nous ont imposé un régime de fourches caudines, où pendent toujours quelques lambeaux d'honneur. Si vous en voulez une preuve, écoutez ce qui s'est passé il y a à peine huit jours dans une commune voisine. J'y avais un ami dont l'option pour la France avait été reconnue valable. Son fils étant arrivé à l'âge d'homme opta aussi et partit pour faire son service militaire. Ayant obtenu un congé régulier il rentra au pays, et se maria. Il vivait heureux et tranquille, quand son père mourut, lui laissant pour tout bien l'auberge qui se trouve à l'entrée du village. Confiant dans les promesses de l'autorité, le jeune homme s'installe dans l'héritage paternel ; mais le jour même où il fait acte de propriétaire, il reçoit l'ordre du commandant du district d'aller passer dix semaines au régiment. Grand désarroi à l'auberge ; la jeune femme se désole et pleure : que faire? elle va se jeter aux pieds de l'officier qui ricane et l'assure que la vie de la caserne est excellente pour un mari. L'ordre est maintenu ; la veille du départ, cependant, le commissaire de police retourne chez l'aubergiste et lui offre un sursis, mais à la condition de mettre son nom au bas d'une proclamation qui invite les habitants (1) des cam-

(1) Pour faciliter la germanisation, l'administration pousse les jeunes gens, qui sortent de l'armée, à former des kriegerverein, dont l'empereur est le chef honoraire.

pagnes voisines à se rendre à Strasbourg pour saluer l'empereur. L'aubergiste signa, mais la rage dans le cœur et le rouge au front. »

STRASBOURG. — L'UNIVERSITÉ. — FÊTES A L'OCCASION DE L'ARRIVÉE DE L'EMPEREUR

Les Allemands sont véritablement incorrigibles. Ils ne perdent jamais une occasion de faire une sottise ou de commettre une maladresse. N'ont-ils pas imaginé, pour décorer le vestibule de la gare colossale qu'ils ont édifiée dans la capitale du Reichsland, de faire peindre en deux énormes fresques, d'une part l'entrée triomphale de l'empereur Maximilien dans Haguenau, et de l'autre l'hommage rendu à Guillaume Ier par les populations alsaciennes. Passe encore pour la fantaisie archéologique. Mais vraiment à qui comptent-ils en imposer, avec ces vastes images coloriées où des paysans, des paysannes, des gens en redingote décorés du ruban de la Légion d'honneur, se pressent sur les pas du monarque allemand, neuf ans après l'incendie de Strasbourg ? A quoi rime ce mensonge historique en face d'une population qui connaît le tarif auquel se paient les figurants qui paradent dans des exhibitions analogues ? Les Allemands n'ont-ils donc pas compris qu'en falsifiant ainsi de parti pris l'histoire contemporaine, ils n'arrivaient qu'à mettre en relief l'insuffisance du droit de conquête, puisque eux-mêmes ils sentent le besoin de l'appuyer, en peinture du moins, sur l'assentiment des populations.

Me voici donc à Strasbourg. Si je ne connaissais les moyens employés pour germaniser le pays, je les devinerais rien qu'à une simple inspection de la ville ; car ils sont écrits à chaux et à sable dans les murs de la citadelle et dans le palais de l'Université. Ces deux vastes constructions représentent, en effet, les deux idées maîtresses qui inspirent la politique allemande en Alsace et symbolisent le régime de sujétion matérielle et de contrainte morale, qui, sous les formes les plus diverses et avec l'entente la plus minutieuse du détail, est à l'ordre du jour depuis seize ans. Les épaisses murailles, dont Strasbourg est aujourd'hui entouré, ne répondent pas seulement à des exigences militaires, mais aussi à des préoccupations d'un autre ordre. Leur masse imposante, leur force de résistance sont calculées pour exercer comme une action en retour sur l'esprit de la population strasbourgeoise, et la préparer aux défaillances. Le sentiment de l'irréparable est un dissolvant énergique, et les Allemands comptent sur l'influence démoralisante qu'exerce la vue journalière de tant de moyens de défense accumulés, pour recevoir à discrétion, par suite d'un affaissement graduel de la volonté, ceux dont le général Foy pouvait dire « que si tout ce qu'il y a de grand et de généreux venait à s'effacer du cœur des habitants de la vieille France, il faudrait qu'ils repassassent les Vosges, et vinssent en Alsace retremper leur patriotisme et leur énergie ».

L'école, voilà l'autre pôle de ce système si complet, si bien soudé dans toutes ses parties. Après l'intimidation administrative la discipline de l'éducation. J'ai déjà dit la hâte fiévreuse avec laquelle les Allemands ont opéré contre l'enseignement français, et la guerre sans trêve ni merci qu'ils lui ont faite. Le poursuivant, le harcelant jusque dans ses derniers retranchements, ils l'ont traité à la façon de l'interdit. Ils ont expulsé les anciens maîtres, en ont fait venir de nouveaux des provinces d'outre-Rhin ; ils ont fermé les écoles libres congréganistes et laïques, ils ont sévèrement réprimé toutes les tentatives individuelles de suppléer à la lacune de leur enseignement. Ils ont interdit aux dames de Mulhouse, qui faisaient venir chez elles des enfants pauvres pour les vêtir et les instruire, ces réunions innocentes, en prétextant le surcroît de fatigue occasionnée par ces heures supplémentaires de travail, et le souci qu'ils devaient prendre de la santé publique. Ils ont fait tant et si bien, qu'ils ont fini par avoir raison du français. Aujourd'hui, son enseignement n'existe plus en Alsace-Lorraine. Absolument supprimé dans les écoles primaires et celles du second degré, il végète dans les lycées et les collèges, car on ne lui accorde que quatre ou cinq heures par semaine, moins qu'à Munich ou à Dresde.

Par contre, l'Allemagne n'a rien épargné pour mettre l'enseignement de sa langue à la hauteur du rôle qu'elle lui assigne. Le Gouvernement a dépensé l'argent sans compter pour jeter la bonne semence. Dépassant de beaucoup la mesure de ce qui était nécessaire pour ces pays, jadis suffisamment pourvus et dont les enfants font souvent leurs études en France, il a créé à profusion collèges et lycées, 19 pour les garçons, 15 pour les jeunes filles, 6 écoles préparatoires, etc. C'est beaucoup, mais que lui importe? L'argent ne lui coûte guère; car fidèle à son principe de faire payer aux vaincus les frais de la guerre, il le prend dans les poches des contribuables alsaciens, et, d'ailleurs, chaque nouvelle école étant l'occasion d'un afflux de professeurs allemands, il active ainsi la germanisation.

Mais entrons à l'Université, puisqu'elle est la clef de voûte du système. C'est un palais dont les proportions grandioses doivent symboliser sans doute aux yeux des populations conquises la suprématie et la puissance de la science allemande. La façade, en belles pierres de taille exhaussées sur un socle de granit, que l'on gravit par un escalier monumental, est sobre et produit grand effet. L'ensemble est colossal, et s'étend avec ses annexes et ses jardins, comme une petite ville, sur une superficie de 140.000 mètres carrés. Les laboratoires de chimie, de physique, etc., ont chacun leur installation spéciale dans des bâtiments séparés, sous l'œil constant des professeurs qui y habitent. La Faculté de médecine qui se trouve dans un autre quartier n'est pas moins richement dotée; au dire des spécialistes, elle réunit tous les éléments d'étude et de travail. Elle a coûté quatre millions de francs, qui, ajoutés aux huit qu'a exigés l'installation des autres Facultés, donnent une dépense totale de douze millions. C'est donc magnifique. Je dirais volontiers que ça l'est trop. On sent qu'il n'y a pas seulement la préoccupation de faire à la science une demeure digne d'elle, et que tant d'amour n'est pas désintéressé. Me voici à l'intérieur. Où suis-je? Est-ce dans le temple auguste de la sagesse ou dans le hall d'une bourse ou d'un café-concert? De quelque côté que je tourne le regard, je ne vois que marbres et dorures; ce ne sont que mosaïques et stucs. Le cicerone qui m'accompagne me les fait admirer un à un : il m'en détaille complaisamment le prix, la couleur, la provenance; c'est la commodité des sièges qu'il me vante, puis les dimensions de l'*aula*, et encore et surtout sa décoration banale or et blanc. O Allemagne du passé, où es-tu? O murailles décrépites que Fichte réchauffait, en 1808, des éclats de son ardente parole, combien vous étiez plus belles, dans votre froide nudité, que ces parois de serpentine et d'agate, dont la dorure dissimule si mal la pauvreté d'invention et de goût !

Tout n'est cependant pas critiquable dans l'Université. On dit merveille de l'aménagement des laboratoires, et des bibliothèques qui sont arrangées, disposées pour faciliter l'étude et en donner même le goût. Je suis entré dans la salle de lecture. Elle est vaste, bien éclairée, confortablement installée. Les murailles sont garnies de rayons où le lecteur peut prendre les livres de son choix; sur la table j'aperçois les journaux politiques, les revues, les publications périodiques de l'Allemagne et de l'étranger. Je m'y sens bien et à l'aise : je voudrais y passer des heures et j'envie l'étudiant qui, au sortir du cours, peut venir s'y délasser dans une lecture agréable et facile.

Les collections sont aussi également fort bien entendues. Les Allemands en ont d'instinct le goût et la vocation. Par nature et par éducation, ils y sont passés maîtres, car ils ont toutes les qualités requises : la patience infatigable, qui ne dédaigne rien, ne laisse aucun coin inexploré, et l'esprit scientifique qui classe et qui ordonne.

L'Université Wilhelmina devant être, dans la pensée de l'empereur Guillaume, son fondateur, le foyer central d'où le germanisme rayonnera sur les pays annexés, et le lien par excellence qui les rattachera à l'Empire, je suis curieux de savoir dans quelle mesure les jeunes Alsaciens-Lorrains ont justifié ces espérances. Je demande le registre d'immatriculation. Voici les chiffres que j'y relève : dans le semestre d'été de l'année 1886, 895 étudiants, sur lesquels je compte un peu plus de 500 Allemands venus de tous les pays de l'Empire, plus particulièrement de l'ancien royaume de Prusse, et environ 300 Alsaciens-Lorrains, dont 30 de la Haute-Alsace, 32 de la Lorraine, et 238 de la Basse-Alsace. Mais ce chiffre de 300 n'indique pas exactement le nombre des indigènes qui fréquentent l'Université ; car, sous la rubrique d'Alsaciens, les Allemands comprennent aussi les immigrés. Or, si l'on songe que le nombre des fonctionnaires est excessivement important, que tous ces ministres, sous-secrétaires d'État, préfets, sous-préfets, juges et conseillers, généraux, colonels, officiers de tous grades, sont mariés et pères de famille, que la population allemande dépasse le chiffre de 80.000 individus, on peut sans risque d'erreur évaluer à un bon tiers le nombre des jeunes Allemands domiciliés en Alsace qu'il faut défalquer du chiffre de 300, et l'on arrive à peine alors à celui de 150 à 200 étudiants pour l'ancienne population française, ainsi que me l'avoue d'ailleurs mon cicerone, Badois d'origine. Cela se passe de commentaires. Ainsi, malgré toutes les entraves apportées par l'administration, malgré l'impossibilité d'exercer la médecine en Alsace quand on a fait ses études à Paris ; malgré la tentation qu'auraient les jeunes docteurs, aujourd'hui, de se faire facilement une situation dans la plupart des communes, où le nombre des médecins est devenu si notoirement insuffisant, malgré la nécessité pour les notaires et les avoués de connaître la législation allemande, malgré le prestige d'un corps enseignant réputé pour ses lumières; malgré les splendeurs matérielles de la Wilhelmina Universitas, le Gouvernement n'est pas parvenu à attirer à Strasbourg plus de 25 à 30 indigènes des provinces de la Lorraine et de la Haute-Alsace, pays de grande industrie, et tout au plus 120 ou 140 de la Basse-Alsace, pays agricole où il est plus difficile de se créer des moyens d'existence. Il n'a pas réussi davantage à trouver, parmi tous ces jeunes gens qui se consacrent aux études juridiques, de nombreux candidats aux fonctions administratives. Que notre patriotisme se rassure donc. Toutes les fois que l'Alsacien n'est pas poussé par la nécessité, il résiste et se défend. Sans doute c'est une arme à deux tranchants qu'il manie et qui le blesse lui-même, puisque toute situation désertée et abandonnée est aussitôt occupée par un Allemand. Comment toutefois ne pas se sentir joyeux de tant de preuves d'attachement inébranlable? Comment, par suite, ne pas regarder l'avenir avec confiance?

Je viens d'admirer à loisir, sur la façade de la cathédrale, la délicatesse de sa dentelle de pierre, et d'évoquer, sous les sombres arceaux de sa voûte gothique, la gracieuse légende de la poétique Sabine, sculptant à côté de son père Erwin de Steinbach, de ses doigts fins et délicats, les statues décoratives du portail méridional; je suis allé voir à l'église Saint-Thomas le chef-d'œuvre de Pigalle et la bombe prussienne qui a failli le briser; je viens de saluer, dans une île du Rhin, la statue du général Desaix. Que faire maintenant, un jour de fête allemande, en terre française, quand les rues et les places fourmillent de soldats et d'officiers de toute espèce, et que l'on veut fuir le spectacle écœurant de ces manifestations de commande, en l'honneur de l'arrivée de l'empereur?

Car, malgré les dires des journaux officiels, la population strasbourgeoise s'est absolument tenue à l'écart. La police s'était cependant donné bien du mal. Le Gouvernement tenait à faire de cette fête comme une glorification de la puissance allemande et une apothéose de l'empereur. Il espérait par le déploiement de la pompe impériale fasciner assez la population pour l'entraîner à des manifestations qui, commentées par une presse habile, auraient fini par prendre aux yeux de l'Europe la portée d'un plébiscite. Tous les rôles avaient été distribués : aux Kreisdirectoren de parcourir les campagnes, aux commissaires de police d'agir sur les populations des villes. On lançait aux anciens soldats libérés des invitations qui ressemblaient à des ordres, on faisait venir les maires des communes rurales, on s'informait de ceux que la menace ou l'argent pourrait entraîner à figurer au cortège ; on donnait à entendre aux aubergistes, aux cabaretiers que l'administration pourrait, suivant le cas, être indulgente ou sévère. A Strasbourg, tous les agents étaient sur pied. Ils allaient de maison en maison frapper à toutes les portes. « Donnez-nous seulement, disaient-ils d'une voix mielleuse, la permission de décorer vos balcons et ne vous occupez pas du reste, le Gouvernement prend tout à sa charge. » Efforts superflus ! car, la veille de l'arrivée de l'empereur, tous les Strasbourgeois ont fermé persiennes et volets et sont partis pour la France. En vain le touriste se fatigue-t-il à parcourir les rues du vieux Strasbourg pour trouver des drapeaux et des bannières, il n'en aperçoit qu'aux fenêtres des immigrés et aux façades des établissements publics sur la voie triomphale. Partout ailleurs, tout est morne et désert, et si, par hasard, des couleurs flottent aux fenêtres, ce sont les couleurs de l'Alsace.

Quel contraste entre les fêtes d'aujourd'hui et celles d'autrefois, entre le silence glacial qui règne dans la ville et les explosions de joie et d'enthousiasme qui jadis accueillaient les députations des villes et des campagnes, quand l'Alsace, lors du deuxième centenaire de sa réunion à la France, affirmait, dans un élan unanime et passionné, son patriotisme et son indissoluble attachement à la mère patrie ! Rappelons-nous les paroles enflammées que les Krotz, les Chauffour et les Bœsch prononcèrent dans ces assises nationales.

« Nous sommes à la veille d'une fête séculaire, disait le maire de Strasbourg au conseil municipal, dans la séance du 9 octobre 1848, dont la haute signification a déjà frappé nos concitoyens dans les deux départements du Rhin. Le traité de Westphalie, qui a mis fin à une lutte européenne de trente années, a été conclu il y a précisément deux siècles. Depuis lors l'Alsace a suivi les destinées de la France, et si Strasbourg a tardé pendant trente-trois ans à se fondre dans cette imposante nationalité, on peut dire qu'à partir d'octobre 1648 elle gravitait vers le centre qui a fini par l'absorber. Citoyens, vous savez tout ce que nous devons à un grand et noble pays. Si jamais solennité publique doit trouver de l'écho dans l'ancienne capitale de l'Alsace, c'est celle que je vous propose de célébrer, en vous associant officiellement à une fête de famille dans laquelle les trois cités de l'Alsace s'uniraient comme trois bonnes sœurs pour faire en commun cette manifestation nationale.

« Je vous dirai, sans arrière-pensée, pourquoi je crois devoir insister davantage, dans le moment actuel, sur la célébration de cet anniversaire mémorable.

« L'Allemagne n'a pas vu sans regrets échapper à la confédération de ses États multiples l'une des plus belles provinces, disons-le sans fausse modestie, le jardin méridional de son empire. Elle a subi la loi de la destinée, mais au fond de son cœur elle ne l'a jamais acceptée, et elle espère toujours que le sort des batailles lui ramènera un jour cette rive gauche du Rhin qu'elle convoite de ses yeux et de ses désirs. Après les campagnes malheureuses de 1814 et 1815, peu s'en fallut que la diplomatie ne vînt au secours de la lance du Cosaque, et que les deux départements du Haut et du Bas-Rhin ne fussent détachés de la France. Mais, alors déjà, les rois de l'Europe ont pu acquérir la conviction qu'on ne séparerait pas l'Alsace de la France sans de longs déchirements, sans une longue résistance, parce qu'ils nous ont trouvés Français par le cœur et par la volonté, par une longue communion de luttes et d'espérances, par le sang que nos pères et nos frères avaient versé sur tous les champs de bataille du monde et qui avait à jamais consacré une nationalité dont nous sommes heureux et fiers.

« Nous n'avons plus besoin de faire une profession solennelle et publique de notre inviolable dévouement à la France. La France ne doute pas de nous, elle a foi dans l'Alsace; mais si l'Allemagne se berce encore d'illusions chimériques, si elle croit trouver dans la persistance de la langue allemande au sein de nos campagnes et de nos cités un signe de sympathie irrésistible et d'attraction vers elle, qu'elle se détrompe! L'Alsace est aussi française que la Flandre, la Bretagne et le pays des Basques, et elle veut le rester. C'est ce qu'elle proclame aujourd'hui, sans aigreur mais hautement, par la bouche de tous ses habitants. »

WŒRTH

On peut aller en deux heures et demie de Strasbourg au

champ de bataille de Wœrth. Le chemin de fer de Wissembourg conduit jusqu'à Walbourg, première station après Haguenau, et de là il n'y a plus guère qu'une heure de marche. La nature a si bien dessiné le relief du terrain qu'un simple coup d'œil suffit pour en saisir l'ensemble. De la route que je suis, le regard distingue fort bien la rivière encaissée de la Sauer, sur lequel les avant-postes ont tiraillé dès l'aube, engageant l'action malgré la volonté des deux états-majors; à ma droite sont les hauteurs boisées qui cachaient les masses prussiennes; à ma gauche, les positions françaises. Elles sont fortes et capables de résister aux assauts d'un ennemi qui ne serait pas cinq fois supérieur en nombre. Les pentes en sont raides et couvertes de bois; le terrain très accidenté est disposé de façon à favoriser en même temps le déploiement des tirailleurs, et à dérober à l'ennemi la vue des mouvements et des réserves; des vignes, des bouquets de bois, des houblonniers, des jardins entourés de clôtures, des hameaux, des fermes espacées, servent de points d'appui et d'abris aux combattants; en avant s'étend une immense prairie de deux kilomètres de large, absolument nue, que l'ennemi doit traverser à découvert pour arriver à nos positions.

J'aborde le champ de bataille par la route d'Haguenau à Wœrth, c'est-à-dire par le côté d'où est venu l'ouragan. Tout le monde sait que, tandis que la gauche française résistait intrépide aux assauts de deux corps d'armée bavarois, la droite, formée par les divisions de Lartigue et Dumesnil, se rompait, vers trois heures du soir, sous les coups du bélier du XIe corps prussien et de la division wurtembergeoise qui débouchait de Gunstett. En vain les charges légendaires des cuirassiers dans Morsbronn, et un peu plus tard des cuirassiers de Bonnemains, essayèrent-elles d'opposer une digue à cette marée montante, irrésistible, d'hommes et de chevaux incessamment renouvelés. Que pouvait la vaillance dans ce combat inégal? Refoulés de la ferme de Albrechtshauser, chassés du Niederwal, enveloppés à moitié par la cavalerie ennemie, qui tâche d'atteindre notre ligne de retraite, nos soldats épuisés par douze heures de lutte suprême laissaient encore échapper leur dernier refuge et se retiraient sur la route de Reischoffen, évitant ainsi un désastre que les Allemands, à bout de forces, étaient incapables de rendre plus complet. Le récit de ce combat désespéré est émouvant à lire. Mais qu'est-il auprès de l'émotion profonde qui vous remue jusqu'aux entrailles sur ce terrain où

33,000 Français tinrent longtemps la victoire indécise et ne cédèrent à la fin que sous le nombre? Ce fut une affreuse boucherie : du côté des Prussiens, des régiments entiers furent fauchés par nos mitrailleuses et nos chassepots, tandis qu'à découvert ils montaient à l'assaut. Mon guide, riche négociant des environs et témoin oculaire, me montre telle maison à l'entrée de Wœrth, où les Prussiens, repoussés à la baïonnette par les zouaves de Raoult, formèrent des tas amoncelés de cadavres. De notre côté, à mesure que la bataille se resserre et que la puissante artillerie ennemie nous écrase de fer et de feu, c'est par milliers aussi que tombent fantassins et turcos à leur poste de combat. Tous les tumuli que l'on rencontre sur les crêtes sont presque uniquement remplis de corps français, tandis que les immenses tombes creusées autour de Wœrth ne contiennent guère que des ennemis.

Je visite la partie centrale du champ de bataille : c'est là qu'était la clef de notre position, et l'éperon contre lequel s'acharnèrent en vain, dans de furieuses attaques de front, les troupes du V⁵ corps sous les ordres de l'énergique général von Kirschbach. Le maréchal de Mac-Mahon avait établi son observatoire sur le point culminant ; de là il dominait la plaine, et, comme d'un belvédère, fouillait tout l'horizon. Mon cicerone me conduit au pied du noyer, devenu légendaire, près duquel il s'est tenu toute la journée. Il ne le quitta que le soir à cinq heures, quand, sous l'effort combiné de tous les corps allemands enflammés par l'espoir du succès, notre droite fut enfoncée, et notre centre rompu. Il avait attendu de Failly qui ne pouvait arriver, il avait fait donner ses dernières réserves de cavalerie, pour sauver les débris des divisions Lartigue et Conseil-Dumesnil. Que faire, maintenant, au milieu de cette avalanche de fantassins et cavaliers? Il fit sonner la retraite, ne laissant que peu de prisonniers, et se sauva par le ravin au bas d'Elsasshausen, protégé encore par les divisions de droite que les Bavarois n'avaient pu entamer. Oh! quelle tristesse de voir aujourd'hui allemande cette terre arrosée de tant de sang généreux! Quelle amertume quand on songe que tant de vies sacrifiées l'ont été en vain! quels regrets, quand sur le champ de bataille, en mesurant l'effort de nos géants, on se rend compte du peu qu'il eût fallu pour changer une déroute en victoire!

Sur ces champs funèbres où retentirent, le 6 août 1870, le cri de triomphe de 150.000 Allemands étonnés d'avoir forcé à la retraite 33.000 Français, rien ne rappelle plus les sanglantes horreurs de la lutte, rien, sauf les monuments que vainqueurs et vaincus ont élevés à la mémoire de leurs morts. Voici celui de l'Allemagne, il est tout près du point dont le général français avait fait son poste d'observation ; mais, symbole d'orgueil, il vise surtout à l'effet et, sur ces champs lugubres où 30.000 hommes sont tombés, éveille l'impression pénible de tout ce qui prétend à la durée et à l'éternité en face de la mort. A quelque distance, et sur une plate-forme où nos soldats firent longtemps sentir à l'ennemi les effets de leur vaillance, s'élève celui que la France a consacré à la mémoire de ses héros. Pas de statues, pas d'ornementation banale, rien de ce qui pourrait distraire la pensée ; rien que la pierre dans sa nudité froide, et, comme inscription, les numéros des quelques régiments français qui ajoutèrent une page de plus à nos fastes militaires.

METZ

Les impressions que nous font les choses de la vie ne sont pas toujours en raison directe de leur importance. Tel fait considérable, par suite de la répétition et de l'accoutumance, passe inaperçu et glisse sur nous sans laisser de trace : tel autre, sans conséquence, nous envahit et nous fait toucher du doigt la réalité dans toute son horreur ou sa beauté.

Je viens de parcourir l'Alsace entière, et les impressions douloureuses ne m'ont pas manqué. A chaque pas j'ai rencontré l'empreinte allemande ; partout j'ai trouvé la preuve manifeste des transformations subies, et cependant, je n'ai nulle part, ni devant les glacis des forts de Strasbourg, ni devant le palais impérial, signe visible de la souveraineté nouvelle, senti autant qu'ici, en entendant la voix rauque et gutturale de l'employé allemand qui crie : « Metz ! Metz ! », tout ce qu'il y a d'amer et de poignant dans la situation présente. C'est donc vrai, ce n'est pas un cauchemar, il ne nous appartient plus ce beau pays messin que la nature a fait si gracieux et si frais, et où elle a mis un sourire de jeunesse éternelle et d'aimable gaieté ; le lourd Allemand a pris notre place, il a tout changé, tout bouleversé ; il n'a rien respecté. « Metz ! Metz ! » et ce *t* dur qui emplit la vaste gare de ses fortes vibrations me donne une sensation plus vive de l'affreuse réalité avec son cortège d'humiliation que les patrouilles des hussards bleus ou rouges paradant sur la place de Broglie. Je passe à travers les remparts qui, sur trois lignes séparées par des fossés, enveloppent la ville, et j'arrive à l'hôtel. Il est tenu par un Lorrain d'origine; mais les garçons parlent l'allemand. Je parcours les quartiers avoisinants : la plupart des enseignes sont encore en Français, mais que de rues déjà peuplées de boutiquiers étrangers; j'ai voulu acheter un petit pain, j'ai eu peine à trouver un boulanger français. Placée en face de l'Allemagne dont elle ne voulait ni ne pouvait supporter le contact, la population indigène s'est comportée comme tout ce qui est violemment jeté dans un milieu nouveau et défavorable. Ne voulant pas mourir, elle a fui. Mais cet exode en masse, cet exode qui a réduit la population française de près de la moitié, au point que l'indigène ne représente guère plus d'un tiers dans le chiffre total, militaires compris, a déjà produit des conséquences fatales. Toutes proportions gardées, on trouve aujourd'hui plus de personnes ne sachant ou ne voulant pas parler français dans la vieille cité lorraine, qu'à Mulhouse ou à Strasbourg; et la chose s'explique. Tout ce qui est jeune, actif, est parti, tous ceux qui sont sur le point d'atteindre l'âge de dix-sept ans, s'apprêtent à le faire. J'arrête deux enfants sur le quai de la Moselle, qui regardent en ricanant des soldats prussiens pousser une brouette; dans la réponse qu'ils font à la question indifférente que je leur ai posée, ils trouvent moyen de me faire savoir qu'ils ne sont plus ici pour longtemps, et que bientôt, eux aussi, ils franchiront la frontière; et c'est ainsi dans toute l'Alsace-Lorraine! Tout ce qui était riche, indépendant, a fui le joug de la servitude; tout ce qui était pauvre et sans ressources a fait de même; il n'est resté que ceux qui étaient fixés au pays par des intérêts matériels qu'il eût été folie de sacrifier : le paysan, le commerçant, l'industriel; mais leur nombre même diminue tous les jours. Les affaires vont si mal, les voyageurs se font si rares, les officiers allemands achètent si peu. Que faire ? On souffre, on attend, on espère, puis peu à peu, quand les dernières ressources sont épuisées, quand le dernier client est parti, quand le café, jadis si animé et si bruyant, est désert, on vend pour un morceau de pain un établissement magnifique à un Teuton débarqué de la veille, et qui fait à la fois ses propres affaires et celles de son pays. Ah! comme les Allemands savaient bien ce qu'ils faisaient en établissant ce système de compression à outrance et de haute police, dont les effets sont d'autant plus terribles que la main qui les règle est plus expérimentée et plus savante. Ici, à Metz, où le tempérament des habitants est moins fort, moins résistant qu'en Alsace peut-être, où, d'ailleurs, la population se composait surtout de fonctionnaires en activité de service ou retraités, ils sont parvenus à faire autour d'eux un vide que la prolifique Allemagne ne tarde pas à remplir au grand détriment de notre nationalité et de l'avenir.

A cinq heures de l'après-midi, je vais me promener sur l'Esplanade. Une excellente musique y joue avec un ensemble parfait tous les morceaux connus du répertoire. Je cherche vainement un compatriote. Partout, sur les chaises, aux tables du café voisin, je n'aperçois que des Allemands et des Allemandes. Le ton de la société est d'ailleurs plus que vulgaire. Aucune distinction dans la mise ou le maintien; les femmes tricotent et bavardent, les enfants se chamaillent, personne n'écoute. C'est la vie du ménage continuée en plein air : ça manque non seulement de distinction, mais de décorum. Je fuis ce milieu malpropre d'où s'exhale une vague odeur de cuisine, et me réfugie au bout de la terrasse. De cet observatoire, j'embrasse un délicieux panorama ; à mes pieds, la Moselle serpente derrière un rideau d'arbres, à travers des prés couleur d'émeraude ; au loin, les lignes exquises de coteaux couverts de pampres et de moissons complètent le tableau. Je vais ensuite à la cathédrale. Malgré l'affreuse verrue de son portail renaissance, ajouté au siècle dernier, qu'elle est belle à l'intérieur dans la noble grandeur de son style gothique ! Elle date, ou plutôt elle a été commencée au XIIIe siècle, et elle porte l'empreinte de cette époque. Un vaisseau grandiose, une voûte suspendue en l'air sur des colonnes sveltes et légères, des lignes pures et sobres, partout l'expression la plus parfaite de la pensée religieuse et de la poésie. Aujourd'hui, tous les piliers sont cachés par des sapins odorants, l'église est tendue de noir. Hélas ! Metz est toujours en deuil ; il y a une semaine à peine, on célébrait le service pour la mémoire de Mgr Dupont des Loges ; hier, celui des soldats français tombés le 1er septembre à Noisseville ; tous les jours, celui de la Patrie perdue. Je m'arrache à ces douloureuses impressions ; mais où que j'aille, elles me poursuivent et m'assiègent. Je passe devant la statue de Fabert, et sa fière devise ne me paraît plus qu'une ironie dans la ville livrée par Bazaine. Je vais à Moulins, au pied des coteaux que couronne le fort agrandi de Saint-Quentin, mais c'est en vain que j'essaie d'échapper aux souvenirs de l'Année terrible. Ils m'assiégent et se dressent devant moi, de tous les points de l'horizon. Voici l'emplacement du camp où, dans la boue et la fange, nos soldats torturés par la faim se sont consumés dans l'attente; voilà le château qui servait de quartier général à Bazaine; là-bas, celui où s'est signée la capitulation; plus loin, à l'horizon, c'est Gravelotte à droite et, de l'autre côté de la colline, ce sont les lignes d'Amanvilliers; ici et sur les pentes qui regardent Metz, c'est le bivouac de la Garde attendant l'ordre d'aller dégager Canrobert forcé dans ses derniers retranchements par les efforts combinés de la garde prussienne et des Saxons. O regrets éternels! regrets d'autant plus cuisants, que rien de tout ce qui est arrivé n'était fatal, que Borny, Gravelotte, Amanvilliers et Noisseville n'étaient pas des défaites; que nos soldats ont pu, pendant les quinze premiers jours, percer les lignes ennemies; que ce long enchaînement de faits, qui devaient aboutir à la reddition d'une armée de 170.000 hommes, n'était pas contenu dans les prémisses posées par nos soldats victorieux sur les premiers champs de bataille.

Je descends jusqu'au cimetière. Au centre de la partie réservée à la sépulture des soldats français, les Dames de Metz ont élevé par souscription un monument funéraire. Sous sa base dorment 7.203 officiers, sous-officiers et hommes de troupe qui n'ont pu être reconnus ni obtenir de sépultures particulières. Au-dessus du sol se dresse, sur un piédestal qui disparaît sous les couronnes et les fleurs toujours fraîches que des mains pieuses déposent tous les jours, une large pyramide. Fière et nue, ornée seulement d'emblèmes et de drapeaux sculptés, elle porte à son faîte une urne, et sur ses faces des inscriptions diverses. D'abord la dédicace de la ville aux morts eux-mêmes: *Les femmes de Metz à ceux qu'elles ont soignés. — Metz aux soldats français morts sous ses murs pour la Patrie;* puis les numéros des régiments et les noms des batailles; enfin des passages empruntés à la Bible ou aux auteurs sacrés. Celui-ci, tiré du Livre des Macchabées, est d'une lecture poignante sur cet ossuaire: « Malheur à moi! fallait-il naître pour voir la ruine de mon peuple, la ruine de la cité, et pour demeurer au milieu d'elle pendant qu'elle est livrée aux mains de l'ennemi. »

Je reprends la route de la ville. A droite j'aperçois un immense champ de manœuvre où évoluent des fantassins et des cavaliers. Je regarde. C'est d'un ensemble parfait et d'une précision mathématique. Tous ces hommes agissent comme mus par un ressort unique. Quelle tension d'esprit, quel effort de volonté chez les uns, quelle fatigue chez les autres! Les mères prussiennes qui attendent en vain au fond de la Silésie le retour de leur fils qui dort sur les bords de la Moselle en savent quelque chose, et moi-même, qui viens de compter, dans le cimetière militaire, le nombre de tombes nouvellement creusées (1), je calcule le prix auquel se paie ce système où toutes les forces humaines sont tendues jusqu'à l'excès, et où l'homme n'est qu'un outil au service d'un pouvoir qui ne compte que sur la force pour asseoir sa domination.

CONCLUSION

L'attachement passionné des Alsaciens à la France durera-t-il toujours ou, du moins, longtemps encore? Quand on pose cette question aux hommes de là-bas qui, par leur situation sociale, exercent une influence réelle, tous répondent invariablement: « Cela dépend de la France; » et par là ils n'entendent pas seulement qu'ils sont impuissants à se délivrer eux-mêmes, et qu'ils doivent attendre le secours matériel du dehors; ils veulent surtout affirmer le péril que courraient les sympathies françaises si, par hasard, notre pays cessait de faire figure honorable dans le monde. Ils craignent, et avec raison, que, dans une éclipse de notre prestige, devant l'éternel et triste spectacle de luttes intérieures sans grandeur et sans intérêt, les Alsaciens fatigués d'une attente toujours déçue ne se laissent entraîner par le courant allemand: ils redoutent que, dans un parallèle où nous aurions toujours le dessous, nos compatriotes ne se lassent de résister aux séductions qu'exerceront toujours la force et la puissance. Il ne faut pas oublier que le nombre de gens en Alsace-Lorraine connaissant le français diminue d'année en année, et que, bientôt, les générations arriveront à l'âge d'homme sans en avoir entendu un mot. Comme la langue est le grand véhicule de l'idée, il est incontestable qu'à ce moment-là, un certain pas aurait été fait dans le sens de la germanisation et que les populations auront moins de force de résistance.

Les Allemands l'espèrent. Depuis longtemps ils ont renoncé à agir sur la génération actuelle, j'entends sur celle qui avait 20 ans au moment de l'annexion et sur celle qui la suit immédiatement,

---

(1) Le nombre des suicides est très élevé dans l'armée allemande.

mais ils comptent sur les enfants qui viennent de naître ou qui sont à naître. Ils pensent, par l'école, la caserne, l'action administrative, pétrir leurs cerveaux de telle sorte qu'à la longue ils auront des pensées et des sentiments allemands. Ils font également entrer en ligne de compte les défaillances humaines, l'attrait des places bien rétribuées, la force des choses, etc., etc. Pour résister, les Alsaciens n'ont que la puissance de leurs sentiments. J'ai constaté que ce sentiment était très vivace, plus vivace même qu'en 1874, les Allemands n'ayant pas su ménager les transitions. Mais ce sentiment que rien n'alimente peut-il comme le phénix renaître de ses cendres? Les Allemands disent non et travaillent à hâter la solution définitive, en isolant le pays, en expulsant, sans cause apparente, les hommes seulement coupables de porter un nom sympathique ou d'être fidèles, en poursuivant même les intentions.

Notre devoir à nous est de répondre oui, et, comme conséquence, d'aider de toutes nos forces et dans la mesure de nos moyens nos compatriotes dans la lutte qu'ils soutiennent. Au lieu de nous énerver dans des discussions stériles, faisons de l'Alsace-Lorraine notre préoccupation constante et unique; allons dans le pays, apprenons à le connaître et à l'aimer, jetons-y la bonne semence, encourageons des sociétés qui s'occupent de ses intérêts. Obtenons du Gouvernement qu'il veille à ce que les lois qu'il édicte et les mesures qu'il prend ne blessent pas les Alsaciens-Lorrains dans leur intérêt et leurs susceptibilités. Je sais bien que, parfois, la chose est malaisée. Dans la guerre de tarifs, par exemple, que l'on se fait des deux côtés de la frontière, il est peut-être difficile que nous ne nous défendions pas, quelque désastreuse que soit au point de vue de nos intérêts politiques la création de nouveaux courants commerciaux qui entraîneront vers l'Allemagne les produits de l'industrie alsacienne et amèneront une fusion des intérêts par l'ouverture de nouveaux débouchés.

Mais qu'est-ce qui nous empêche d'aider nos compatriotes à se défendre contre le flot montant de l'immigration allemande? N'est-il pas triste de voir des maisons françaises, des maisons champenoises mettre à la tête de leurs fabriques, en Alsace, des ingénieurs allemands? Est-ce là l'exemple que nous devons donner à ces industriels, à ces ouvriers qui supportent mille vexations pour échapper au contact de l'étranger? Qu'est-ce qui nous empêche également de traiter les Alsaciens-Lorrains autrement qu'en étrangers? Pourquoi ne créons-nous pas des régiments spéciaux pour ceux qui viennent faire leur service militaire sous nos drapeaux? Pourquoi n'accordons-nous pas d'emblée la naturalisation à ceux qui ont combattu pour la gloire et la grandeur de la Patrie? J'ai entendu à Sidi Bel Abbès des Messins se plaindre de la promiscuité des régiments étrangers. Comment! voilà des hommes qui viennent en France pour ne pas entrer en contact avec les Allemands, et c'est sous nos drapeaux qu'ils apprennent à considérer comme des compagnons d'armes des déserteurs ou des chenapans badois et wurtembergeois. Ignorerons-nous toujours que la presse officieuse en Alsace, et c'est la seule qui existe, répand à des milliers d'exemplaires tous les bruits défavorables et exploite contre nous tout ce qui peut prêter à une interprétation fâcheuse? Par exemple, dès qu'un transport arrive à Toulon, elle publie avec commentaires la liste des Alsaciens-Lorrains qui font partie de ce convoi de malades et d'impotents, et elle en prend texte pour gourmander la population. « Vous fuyez, lui dit-elle, le service allemand, où vous seriez sûrs de trouver l'autorité douce et paternelle du capitaine de compagnie et du feld-webel, et vous allez vous enrôler dans l'armée de la France, qui garde ses enfants chez elle et vous envoie à leur place mourir du choléra au Tonkin ou à Madagascar? »

L'Alsacien est patriote et à horreur du casque à pointe; mais prenons garde qu'à la longue ces perfidies calculées ne produisent leur effet.

.*.

« Ce que nous avons conquis en six mois, il faudra que nous le gardions l'arme au bras pendant cinquante ans. » C'est ainsi que le maréchal de Moltke caractérisait, il y a peu d'années, la situation que l'Allemagne s'est faite par l'annexion de l'Alsace-Lorraine.

Où pourrions-nous trouver un argument plus décisif contre le fait de la conquête, que cet aveu échappé au grand stratège allemand? Pour satisfaire des rancunes militaires et des passions populaires, le gouvernement prussien nous a arraché des populations françaises de cœur et d'âme et voilà qu'il reconnaît déjà que cette conquête, loin d'être un accroissement de force, est une cause permanente d'affaiblissement, et comme le talon d'Achille du nouvel empire.

Obligée de veiller sur un pays dont la population est toujours frémissante, l'Allemagne, prisonnière de sa grandeur, a aliéné sa liberté d'action. Elle s'est protégée contre un danger imaginaire, car la France démocratique n'a pas de velléités guerrières, et elle en laisse grandir un autre qui est menaçant et terrible. L'Allemagne a en plein XIX° siècle jeté un défi au droit moderne, et déjà comme châtiment elle est condamnée à des armements ruineux. Pour faire face à certaines éventualités, elle est obligée de compter moins sur sa propre force, que sur les antagonismes habilement exploités de ses adversaires et de ses rivaux. Est-ce là de la sécurité ? Est-ce là un résultat en rapport avec le sang versé et les victoires remportées ? Quel est l'Allemand de sang-froid qui oserait le prétendre ?